中国现代作家青春剪影丛书

修订本

狂飙少年
郭沫若

刘 屏——著

时代出版传媒股份有限公司
安徽教育出版社

图书在版编目（CIP）数据

狂飙少年：郭沫若／刘屏著．—修订本．—合肥：安徽教育出版社，2022.11

（中国现代作家青春剪影丛书）

ISBN 978-7-5336-9654-2

Ⅰ.①狂… Ⅱ.①刘… Ⅲ.①郭沫若(1892-1978)—生平事迹 Ⅳ.①K825.6

中国版本图书馆 CIP 数据核字（2022）第 030025 号

狂飙少年　郭沫若
KUANGBIAO SHAONIAN　GUO MORUO

出 版 人：费世平
统筹编辑：周　佳
责任编辑：邰　旻
装帧设计：王莉娟
美术编辑：吴亢宗
责任印制：陈善军

出版发行：安徽教育出版社
地　　址：合肥市经开区繁华大道西路 398 号　邮编：230601
网　　址：http://www.ahep.com.cn
营销电话：(0551)63683015，63683016
排　　版：安徽时代华印出版服务有限责任公司
印　　刷：安徽联众印刷有限公司

开　　本：880 mm×1230 mm　1/32
印　　张：7.25
字　　数：120 千字
版　　次：2022 年 11 月第 1 版　2022 年 11 月第 1 次印刷
定　　价：28.00 元

（如发现印装质量问题，影响阅读，请与本社营销部联系调换）

青春剪影出一首首梦的歌（代序）

傅光明

鲁迅《呐喊·自序》的开篇第一段话是："我在年青时候也曾经做过许多梦，后来大半忘却了，但自己也并不以为可惜。……这不能全忘的一部分，到现在便成了《呐喊》的来由。"紧接着，他回忆起儿时家庭从小康坠入困顿，这样的苦涩经历使他从中得以看见世人的真面目，继而要"走异路，逃异地，去寻求别样的人们"。

从他睁开眼看世界，他便有了梦，很美满的一个梦——到日本，学医，救治像他父亲一样"被误的病人的疾苦，战争时候便去当军医，一面又促进了国人对于维新的信仰"。直到课堂上放映关于日俄战事的画片，"忽然会见我久违的许多中国人了，一个绑在中间，许多站在左右，一样是强壮的体格，而显出麻木的神情。据解说，则绑着的是替俄国做了军事上的侦探，正要被日军砍下头颅来示众，而围着的便是来赏鉴这示众的盛举的人们"。

这个故事本身已具有经典性，不仅如此，相信凡熟悉鲁迅的读者更喜欢咀嚼接下来的这一小段文字，因为它是鲁迅作家梦开始的地方："医学并非一件紧要事，凡是愚弱的国民，即使体格如何健全，如何茁壮，也只能做毫无意义的示众的材料和看客，病死多少是不必以为不幸的。所以我们的第一要著，是在改变他们的精神，而善于改变精神的是，我那时以为当然要推文艺，于是想提倡文艺运动了。"

这时，他又开始做好梦了。从仙台辍学回到东京，他邀几位朋友一起办杂志，以期迈出文学的第一步。但这本取"新的生命"的意思而叫《新生》的杂志，在策划中便胎死腹中，梦也随之转瞬即逝了。

因梦无法实现而带来的寂寞，一天天地长大起来，"如大毒蛇，缠住了我的灵魂了"。然后是无端的悲哀和驱除不尽的痛苦，而麻醉的最好办法是"使我沉入于国民中，使我回到古代去"，让生命黯然销魂，直销到"再没有青年时候的慷慨激昂的意思了"。

就这样，在蚊子多的一个夏夜，已蛰居北京，在绍兴会馆里百无聊赖抄古碑的鲁迅，迎来了一个老朋友。这位"偶或来谈"的老朋友金心异，便是正协助陈独秀编辑《新青年》杂志的钱玄同。聊天中，一段石破天惊的对话呱呱坠地，并成为中国现代文学史上经典的里程碑式的思想意象：

假如一间铁屋子，是绝无窗户而万难破毁的，里面有许多熟睡的人们，不久都要闷死了，然而是从昏睡入死灭，并不感到就死的悲哀。现在你大嚷起来，惊起了较为清醒的几个人，使这不幸的少数者来受无可挽救的临终的苦楚，你倒以为对得起他们么？

然而几个人既然起来，你不能说决没有毁坏这铁屋的希望。

由此，鲁迅发出"狂人"的呐喊，《狂人日记》不仅成为小说家鲁迅的起点，更成为中国现代白话小说的源头和丰碑。

可以说，鲁迅是在生命日渐消沉的时候才做起小说来！显然，是五四精神孕育出了鲁迅的新生，而鲁迅又给五四精神注入了别样的新鲜活力和深邃的思想光芒。那本在东京未出世就夭折了的《新生》雪藏起鲁迅的摩罗诗力，而一本在北京崭新的《新青年》却真的赋予了鲁迅新的生命——文学的、艺术的、精神的、思想的不朽生命。

简言之，一篇短短的《呐喊·自序》，已大致可以为鲁迅，同时也可把这样的梦影当参照，为许多现代作家，甚至为读者自己画一幅青春剪影了。

像鲁迅一样，世上所有的人，年轻时候都会做许多梦。醒来一个梦，再做下一个梦，有梦便有希望在，人生的过程就是在不断做梦寻梦。当然，悲哀时，又会感觉一如鲁迅所说，"人生最苦痛的是梦醒了无路可以走"。如果真的无路可走了，还是要做梦，回忆青春的梦。没有了梦，便只剩下了绝望。

这套书里的作家们，年轻时几乎无不是有着一个又一个的梦。郭沫若和鲁迅一样，早年赴日本留学时，学的是医学，后因受到荷兰哲学家斯宾诺莎和美国诗人惠特曼思想的影响，决心弃医从文；与郭沫若等一同发起成立"创造社"的郁达夫，留日之初，考入的是东京第一高等学校医部预科，后又改学过政治学、经济学；冰心在写她的《繁星》《春水》以前，就读于协和女子大学理科，向往的也是日后成为一名医生。

然而，任何一个梦想的实现，都需要付出巨大的艰辛、努力。一个人的青春岁月，时常是苦恼与快乐相伴、信心与茫然相随。正是在这个时候，已经长大了的青少年，会突然惊奇地发现，原来世间的事情是如此的复杂，连黑与白的界线都有可能变得不明晰和不确定起来，无法一下子认定的事情越来越多。这些对于作家来说，却又是不可或缺的人生经历和体验。

无论他们在年轻时做过怎样的梦，有一点是共同的，即读书、求知。他们大都有过在海外或留学，或进修，甚或流亡的经历；他们中的许多人至少懂得一门外语，像巴金、郁达夫、钱锺书、杨绛等，通晓的外语都在两门或两门以上。茅盾是在大革命失败后，流亡日本时，深度创作他的小说处女作《蚀》三部曲的。巴金的小说处女作《灭亡》写于巴黎，这之后，他的写作一发不可收。朱自清在出任清华大学中国文学系主任的前一年，曾在英国进修过语言学和英国文学，后漫游欧洲五国，才有后来写作的

《欧游杂记》《伦敦杂记》。艾青最初读的是艺术学院绘画系，后在赴法国勤工俭学时，边学绘画，边接触欧洲现代派诗人，最终成为诗人，而不是画家。在南开中学就开始参与戏剧活动的曹禺，初入南开大学，读的是政治系，转至清华大学西洋文学系才真正开始钻研戏剧，从古希腊剧作家到莎士比亚、契诃夫、易卜生、奥尼尔，孕育出了他的《雷雨》《日出》。

每个作家都有藏在他的文学梦背后的故事，这些故事对于启迪我们的人生智慧和精神思想，都是难得的知识营养。通过这些故事，我们知道，徐志摩最早没想过要成为诗人，他留学美国时，学的是经济，转去英国，是为了追随罗素，搞政治。当丁玲陷在生活的困惑之中，她做过画家梦，更做过电影明星梦。各自已有深厚的人生体验的川籍作家艾芜、沙汀，是在他俩相遇后，才一起走上文学路的。从湘西走出来的"乡下人"沈从文，学历只到小学，经过人生的许多坎坷沧桑，矢志不渝，最终成就了自己的文学梦。

对于今天的读者，已经成为历史的他们，在这个"剪影"里构成了一组混着一个又一个青春生命泪与笑的梦的合唱。如果能够从他们一串串的梦里找到自己，相信你的未来不是梦！

郭沫若

(1892年11月16日—1978年6月12日)

目 录

第一章 沙湾的故事 / 001

第二章 在大佛身边 / 037

第三章 中学的日子 / 069

第四章 求学锦官城 / 124

第五章 雏鹰展翅飞 / 183

第一章
沙湾的故事

一、给儿子起名叫"文豹"

波涛翻滚的大渡河,好像是一匹脱缰的野马,左奔右突地冲出川西北高原的崇山峻岭,奔到四川盆地西南边缘的峨眉山脚下时,仿佛被峨眉的秀丽身姿迷住了。于是,它放缓了脚步,在二峨山与三峨山之间的谷底,流连忘返地打了一个大大的弯,尔后,又恋恋不舍地向东北方向流去。

古镇沙湾,就舒展地躺在这块山水拥抱着的开阔地上。

顺小镇沿大渡河往下游走上大约六十多里,便是有名的乐山市,古时叫嘉定府。嘉定城东的大渡河、青衣江和岷江的三江汇流处,有一座海拔不太高的凌云山。山的西面峭崖上,雕刻着一尊顶天立地的大坐佛。远远望去,山是一尊佛,佛是一座山,千年的大佛使嘉定古城名闻天下。

相比之下，小镇沙湾就显得平淡得多。不过，据老人们讲，早在晋唐朝代，这里就是一个屯粮戍兵的重镇了，名叫南陵镇。到了清朝乾隆年间，有一年，大渡河上游连天的暴雨造成山洪暴发，铺天盖地的滔滔洪水，冲毁了地处下游的南陵小镇。洪水退去了，人们在镇的南边，靠近二峨山脚下的一处高地上，盖起了新屋。日复一日，年复一年，一座新的小镇又诞生在二峨山脚下的大渡河边。这就是今天的沙湾。

小小的沙湾镇只有两里长，镇上有一条不太宽的直街，街道是青石板铺成的。这也是大渡河沿岸的小市镇共同的风景。街道两旁的房屋，都有着又高又阔的街檐，翘首伸向街心，连成一道长长的凉亭，为过路的行人遮风挡雨。

也许是镇子太小了，平日里，街市上人不多，很清静，只有到了每个月逢二、四、七、十的赶场日子，四乡八里的乡亲商贩都涌进小镇，街市上才热热闹闹、人声鼎沸地红火一阵子。

沙湾的人，不论男女老幼，都非常钟爱自己的家乡，尽管这里找寻不到太古老的名胜。但是，从峨眉山曲曲弯弯地流下来的那道清冽甘甜的茶溪和明代开山建造的茶土寺，已颇使沙湾的乡亲们引以为豪了。

沙湾的子孙把家乡的山水，看得比生命还要重，说起沙湾的志士名人，少不了用"绥山毓秀，沫水钟灵"这个文雅的词句来形容。绥山，指的是镇西边的二峨山；沫水，就是镇子东边滚滚流淌的大渡河。

大渡河的俗名又叫铜河，铜河边的沙湾秀美怡人，却偏偏又是远近闻名的土匪窝。嘉定一带的土匪大都出自铜河两岸，而铜河土匪的头领们，又大都是喝沙湾的水长大的。

在众多的土匪中，最有名的，大概要数沙湾的杨三和尚了。他十几岁上便出了道，在去嘉定府的路上，从官军手中搭救出一个叫徐大汉子的土匪头子，拦路打劫时还杀掉了一个姓陈的把总。见事态闹大了，知府大人和知县老爷亲自带了大批官军开进沙湾镇，扬言要踏平沙湾、剿灭匪巢。镇子上的男女老幼全都跑出来苦苦哀求，最后总算感动了知府大人。知府大人下令抄没了杨三和尚家的全部财产，烧掉了杨家的所有房屋，这才保全了沙湾镇众乡亲的性命。

铜河边的土匪虽然"凶恶骄横"，但他们有着一条不成文的规矩，这就是在本乡本土方圆一百里内绝不惹是生非。这种爱乡爱土的未泯之心，或多或少地得到了家乡父老的认可。因为，被土匪打劫的大都是被称为"土老肥"的有钱有势人家。

正是这块有山有水的神奇土地，孕育和培养了中国现代文坛上的一位文学大师——郭沫若。

1892年11月16日，是阴历的九月尾，这一天本来是个再平常不过的日子了,但对于沙湾镇经营"鸣兴达"店铺的郭家祖父来说,却是个极不平常的日子,因为他三儿媳在午时生下了一个男孩,已是第八胎。

前面几个孩子现在存留的有四男两女,按道理,这第八胎虽是个男孩,但也算不得什么了,可祖父还是打心眼里高兴。这除了朝沛是他四个儿子中最聪慧能干的一个以外,更重要的是,朝沛是将来继承和振兴郭家家业的人。如今又添男丁,当然让人高兴。令祖父得意的还有另一层原因:他记得老三媳妇说过这么一件事,就是她受胎时做过一个奇妙的梦,梦见一只活蹦乱跳的小豹子跑了过来,在她的左手虎口上突然咬了一口。祖父当时听罢就认定这是一个吉祥的兆头,他心想:如果是个男孩,说不定日后会成为一个名闻天下的"文曲星"呢。

眼下,孩子生下来了,果真是个男孩,虽然这小家伙一反常态是脚先落地的,但值得庆幸的是母子二人都平平安安,没受多大磨难。

孩子来到世上的第一声啼哭是那么响亮,郭家的人便在这悦耳的"音乐"声中,商量着给男孩起名的大事。既然是"豹子投胎",乳名就叫了"文豹",因为是第八胎,也可唤作"八儿",至于大名,就顺着郭家字辈的排列,取名郭开贞。

从这一天起,郭开贞便在父母等人的呵护下,在山明水秀的"土匪窝"里,像峨眉山上的一滴水珠,开始了自己生命长河的旅程。

二、祖父太阳穴上的金色印记

童年时代,家庭对郭开贞的影响是很大的。

郭家的祖先原是福建汀州府一带的人,在清朝初年的一次移民运动中来到四川。当时,涌到四川的外地人很多,一个小小的沙湾,外来人口就占了百分之八十以上。郭家的祖辈是披着两块麻布片入川的,一贫如洗,千里迢迢地来到他乡,为的就是能够甩掉穷困,过上好日子。

郭家的祖宗是怎样由赤贫阶层变为中等地主的,年幼的郭开贞并不清楚,他听大人们说,郭家的家产都是曾祖父那一代人一点一滴地积累起来的。怎么积累的呢?好像跟贩瘟猪有关系。开贞再想向长辈们刨根究底,大人们却不说了。大概那段家族发迹史,并不值得炫耀。

曾祖一辈的家业,传到祖父一辈,只剩下四分之一了。郭开贞的祖父在兄弟中排行老二,就是沙湾镇上"鸣兴达"的老板。他是个很讲义气的汉子,左边太阳穴上有一个三角形的金色痣印,人称"金脸大王"。祖父曾和他的弟弟,也就是郭开贞的四叔祖,共同执掌过沙湾的码头,在当时的铜、雅、府河一带名气很大。讲义气的祖父仗义疏财,却不太顾自家,加之四个儿子和三个女儿的拖累,他们这个富家就一步步走下坡路了。

郭家到了祖父这一辈,崇尚"万般皆下品,唯有读书高",对于孩子们读书,祖父是倍加鼓励的。

开贞的父亲郭朝沛,是四个男孩里学习最上进的。可是由于家业逐步衰败,朝沛十三岁时,就不得不辍学,跟了三伯父到五通桥王家盐井上当学徒。朝沛聪明肯钻,学什么像什么,朝沛的父亲或许正是看上了这点,不到半年,又一道"令箭",把朝沛召回家来,让朝沛在自己身边协助管理家里家外的大事。

朝沛的确没有辜负父辈的栽培和期望,他身上继承了父辈的豪爽仗义,同时又多了一分父辈所没有的精明和务实。

仗着年轻和经商的天分,朝沛酿酒、榨油、兑换银钱、枭纳五谷……几乎跑遍了铜、雅、府河一带,什么生意好做、赚钱,他就做什么。当然,这也依仗郭家在各地的威望和影响,生意做到哪里,都能得到方便和好心人相助。几年下来,家业逐渐恢复起来,郭家又买了田地、房廊和盐井等。

朝沛雄心勃勃地要使郭家在自己的努力奋斗下再次辉煌,无奈仗义成性的父辈总是把辛辛苦苦赚来的钱,随随便便地散给别人去花。尽管如此,朝沛仍没有灰心,凭自己的能力和郭家的威望,他相信自己会成功。

朝沛的成功梦,最终被开贞祖父的去世所打破。那年朝沛只有二十二三岁，由于开贞祖父生前对他的偏爱，开贞祖父去世后，朝沛的弟兄之间就有了不少闲话。这使得朝沛心灰意冷，自己起早贪黑、风里雨里地为这个大家庭操持，结果却落了一身不是，有很长一段时间，朝沛不再过问家业。

兄弟们分家了，郭朝沛只得到几十担租谷和十二串钱。这是属于他的全部家产，要养活妻子和一大群儿女。这时，郭开贞的大哥、五哥已在成都念书，又需要一笔可观的开销。事到临头，父亲决心重整旗鼓，振兴荒弃多年的家业。他从母亲床头的木柜里，把孩子们过年过节得到的赏钱都凑到一起，加上那十二串现钱，一共三十几串，又从亲戚处借来二百两马蹄银。凭着这点资本，父亲又开始了像年轻时那般的奋斗。没用几年，家里又买了田地、房廊。父亲做的烟土和槽坊生意格外兴隆，他常对开贞他们几个孩子说："这是上天有眼，咱们郭家的祖宗有灵啊！"郭开贞听不懂父亲话里的意思，但他很佩服父亲身上那种想干什么就必须干成什么的劲儿。

稍大一点后，郭开贞对父亲更多了几分崇拜。

父亲早年失学，文化程度并不高，可他的珠算却是无师自通。开贞常常跟父亲比赛算术，加减乘除，开贞的笔算总是赶不上父亲的算盘。

父亲学中医也是无师自通，也不知道他是怎么悟出来的。乡里的人都非常信服他，凡有个病灾，求他开个单方，几乎没有不灵验的。父亲不是专门医生，也不曾打过医生的招牌，照现今的说法，是个"业余的"。他替人看病挺怪，不收钱，不卖药，也不把脉，谁用了他的方子准见效，见效就再来，父亲的名气也越来越大。

郭开贞成年以后回忆父亲行医的事，曾想过：如果父亲晚生几十年，凭他的才气和灵性，说不定会为医学做出巨大贡献呢！

虽然父亲在郭开贞的心中有着很高地位，但不知为什么，一想到父亲，开贞的脑海里出现的总是父亲那张布满了愁容的脸，仿佛有一副沉重无比的担子压在父亲的肩上，一生一世也没有卸下过。开贞模模糊糊感觉到，一家之主的滋味，并不只是想向谁发号施令就向谁发号那样简单。

三、天后宫里的芭蕉花

与父亲那张愁苦的脸相反，母亲那张白皙的三角形的面孔，总是透着开朗乐观的神情。她的前额高高的，仿佛藏着用不尽的智慧。郭开贞和兄弟姊妹们的前额，长得很像母亲。

母亲叫杜福荪，是嘉定城东南十里、大渡河对岸杜家场的人。她的身世很苦。

开贞的外祖父，原是贵州黄平州（今属黄平县）的州官。母亲出生不久，贵州的苗民起义，黄平州被攻破后，开贞的外祖父在公堂上自尽身亡，开贞的外祖母谢氏拉着六岁的三女儿，跳进水池自溺。

奶妈刘氏背着开贞的母亲也跳进了池子，但想想要为杜家留个后代，就又从池中爬了上来，带着开贞的母亲逃出了城。一路上两次被劫，奶妈把自己的金银首饰和身上的衣服都扒给了劫匪，跟路过的农家找些稻草遮身，流落到了云南，历经艰难，却始终保护着杜家的女儿。直到开贞的母亲四岁时，杜家的大儿子才找到她们，带着她们来到四川。

母亲虽是官家的女儿，但小时候的磨难磨掉了大家小姐的习气。她十五岁嫁到郭家，便与郭朝沛一起为大家庭操持。母亲初进郭家门，日常生活完全像一个女工，洗衣、扫地、煮饭，加上生儿育女，从早忙到晚，没有闲着的工夫，可是母亲没有丝毫的怨言，总是埋着头默默地干。

童年的不幸和婚后的过度操劳，使母亲的身体异常衰弱。每年秋天，她总要犯一次"晕病"。发病时，母亲倒在床上，整天呻吟，呕吐，茶饭不进，一般要折腾半个月才能转好。

看到最疼爱自己的母亲遭受痛苦，开贞心里别提有多难受了。母亲一生病，他也像得了大病一样茶饭无味。

母亲的病挺怪，据说芭蕉花可以治。母亲犯病时，家里的大人们就四处托人去买芭蕉花。可是四川的日照时间短，芭蕉很少有开花的，偶尔什么地方有一株芭蕉开了花，乡里的人都把它看成祥瑞之物供奉，哪个肯轻易摘下来卖掉呢？即便是跑遍了四乡，家人也才能买到一朵芭蕉花。

踏破铁鞋买来的芭蕉花，也不是全能入药，真正有用的只是还处于雌蕊阶段的蕉子。

有一次，卧病在床的母亲吃蕉子时，开贞刚好在床边，母亲就说："八儿，你也来尝一口吧！"

开贞轻轻地咬了一口，呀！又苦又涩，差一点吐了。

母亲看着八儿的样子，虚弱地笑了，说："良药苦口呵，这才能治病呢！"

开贞品着嘴中的苦涩味，牢牢地记住了母亲的话。

开贞五六岁时，母亲又犯了晕病。

那天，他和比他大四岁的二哥，一同去离家半里远的天后宫玩。

天后宫里，有一座福建人的子弟读书的散馆。因为已是中秋时节，散馆放了假，广阔的天后宫里没有什么人。

二哥和开贞就扒着散馆的窗子往园子里看。园子里的花花草草很是美丽。忽然，二哥在那边叫了起来：

"八弟，八弟，你快来看呀！"

开贞顺着二哥的手望去,只见园中有一大簇芭蕉,其中一株刚好开着一朵大黄花,尖尖的花瓣,像莲花一样。

两个孩子为这意外的发现高兴得跳了起来。

"那是给娘治病的花,我们去把它摘下来。"开贞说。

"好吧!"二哥一边响应,一边抱起开贞的腿,帮他翻进一米多高的窗台。芭蕉树很高,开贞和二哥费了很大的劲,才把花苞摘了下来。怕被人发现,二哥就把它藏在衣服下边,拉着开贞,兴冲冲地跑回了家。

两个孩子来到母亲的房间里,开贞喘着气,用两只小手,小心翼翼地把花苞捧到母亲的床前。

母亲看到八儿手中的芭蕉花,眼中闪烁着惊喜的光芒:"你们是从哪里找到的?"

"从天后宫散馆的园子里摘的。"开贞很得意地说道,接着又补充了一句,"娘,您吃吧,吃了病就会好的。"

"什么?是从天后宫摘的?"母亲的脸色忽地一下子沉了下来,说话的声音也变得颤抖了,"你们两个还不给我跪下,啊,你们都做了什么呀?生下你们这样不争气的孩子,为娘的倒不如病死的好了!"

两个孩子不知道母亲为什么突然发这么大的火,也不知道自己究竟做错了什么,看到母亲愤怒和痛苦的样子,都呜呜地哭了起来。

父亲也来了,听母亲讲明了情况,他把开贞和二哥拉到大堂的祖宗牌位前罚跪,罚他们伸出小手来,在他们的

小手心上噼噼啪啪地打了一阵。这是开贞第一次挨打,多少年过去了,他始终忘不掉。

挨打使两个孩子非常伤心,开贞看着父亲将芭蕉花拿走了,听说是送回天后宫,供在圣母的像前,任它慢慢干枯。开贞始终没有弄懂,母亲需要芭蕉花治病,他们从别家的园中采回一朵芭蕉花来,有什么错?

四、"熊外婆"与"狼外婆"

母爱,是人类最伟大的爱。郭开贞记不清母亲都给他唱过哪些催眠曲,但在他两三岁时,母亲教他的唐人绝句,却令他一生一世都难以忘怀。

"八儿,来,跟着娘念一遍,念呀,念!"

于是,字还咬不很清的开贞就念了起来:"澹澹长江水,悠悠远客情。落花相与恨,到地一无声。"开贞的那个"声"字,拖着很长的尾音才结束。

母亲总是拍拍开贞的头,笑吟吟地说:"好!念得真好,再来一遍吧!"开贞就再背诵一遍。就这样,他轻轻松松地背会了很多的诗。

还有那首《翩翩少年郎》是小开贞最最喜欢的:

翩翩少年郎,骑马上学堂。

先生嫌我小,肚内有文章。

正是这首音韵响亮、朗朗上口的诗,让小开贞对上学读书有了强烈的欲望。他做梦都想骑根竹竿,抱着书本去上学。先生还夸他诗背得好呢!

母亲为儿子上了第一课,可谁会知道,儿子这第一位蒙师,竟是个连一天学也没有上过,从小就失去了父母的孤儿!她的知识和文化,全凭聪明的资质和平时的耳濡目染得来。

开贞除了跟母亲学诗,还很喜欢看母亲绣花、画画。那双勤劳灵巧的手,掐着针飞上飞下,一会儿,一幅美丽的图案就摆在了他的眼前。这种自画自绣的本事,很受乡里人的称赞。母亲还有着丰富的想象力,她画的荷花,荷叶都是长在荷花的梗上。孩子们笑她,她并不生气,只是微笑着辩解:"哪比你们有什么画谱、画帖哟,我是全凭一个人想的呀!"

可以说,每一个孩子都喜欢听童话、唱童谣,开贞自然也不例外。他记忆最深的是《熊外婆》的故事,大了以后他才知道,那是从德国的童话《小红帽》演变过来的,只不过故事中那只狼,变成了一只老熊。

小红帽的妈妈叫女儿去树林中的外婆家送点心和葡萄酒。在路上,一只老熊骗小红帽去采花,它却跑到外婆家把老人吃了,然后装成外婆的样子等小红帽来。

开贞听的故事到这里就结束了,后来他又在《格林童话》里看到了这则故事的尾巴:

狼(这里不是熊了)吃了外婆和小红帽就倒头大睡,如雷的呼噜声引来了猎人,他用剪刀剪开狼的肚子,救出外婆和小红帽。小红帽去屋外搬了一块大石头,放在了狼的肚子里。狼醒来,想逃走,可是石头很重,它站起来就倒在地上,摔死了。

郭开贞想不通他听到的故事为什么没有这个结局?好人、善良人就是应该战胜坏人、战胜邪恶的人。

四岁那年,母亲领他回杜家场的娘家,还去了嘉定城北的二姨家。在二姨家不远处的一片岩洞里,住着一个讨饭的老太太,开贞一看见她,就会想起童话中的熊外婆,真是怪极了。

开贞还记得,二姨家离草堂寺很近,草堂寺有戏台,常常有戏唱。那次去二姨家,一个叫张狗儿的族亲,还特意背着开贞去看过戏。戏场子里人真多,张狗儿就把他架在脖颈上。

"看见了没有?台上演的是啥子?"

"见到喽!一个戴野鸡翎子的女人照镜子,那个男的在后边捣乱哟!"

开贞看不懂戏文,只好照着葫芦画瓢地把看到的转告给张狗儿。

台上的器乐随着演员的表演不时地热闹一阵儿。每逢台上台下热闹起来，张狗儿就要伸着头问上边："又怎样了？又怎样了？"开贞就解答几句。

这个戏的情节，郭开贞始终没有弄明白，但那场景和人物却在他幼小的脑海中留下了深刻的印象。后来大了，他才知道这是川戏《游金河》，讲的是一位贵家公子泛舟金河不幸落水，被神人引入龙宫，与龙王之女成亲的故事。

开贞还记得离开二姨家回沙湾的路上，母亲怕赶夜路"鬼"拉去了她的孩子，于是坐在轿子里，边走边呼唤着他的名字的情景。

从母亲的身上，开贞学到了很多东西，有些甚至是只可意会不能言传的。

母亲教的那些童谣，充满了对大自然的憧憬和向往，开贞喜欢一个人在夜晚静静地望着悠远的星空。那片深不可测的清莹的天宇，撒满了眨眼的群星。月亮升起时，无论你走到哪里，藏在什么地方，只要一抬头，月亮准跟着你呢！在淡淡的、银色的幻景中，开贞甚至想扑向星月的世界。

母亲常唱的那支童谣是怎么说的来着：

> 月儿走，我也走，月儿教我提烧酒。烧酒倒好吃，月儿不拿给我吃。

月儿原来也有小脾气呀！开贞想。

他最喜欢的还有一首，也是说月亮的。

> 月儿光光，下河洗衣裳，洗得白白净净，拿给哥哥穿起上学堂。学堂满，插笔管。笔管尖，尖上天。天又高，一把刀。刀又快，好切菜。菜又甜，好买田。买块田儿没底底，漏了二十四颗黄瓜米。

开贞仿佛看到了一个小姑娘在月下河边洗衣裳的样子。那简直是一个快乐的天国。

不论什么时候，开贞想到了诗歌、童话、童谣，就会想到慈爱的母亲。母亲对孩子们的关爱无时无处不点点滴滴地流露出来。平日，开贞和兄弟们读书、做功课时，母亲就在旁边伴着他们。虽然这时母亲也没有什么话，但在灯下望着她端坐的神情，孩子们都会感到一种无形的东西在鞭策、约束着他们，必须用勤奋读书来回报可敬可佩的母亲。

五、专馆先生沈焕章

也许正因为郭朝沛早年便失去了上学的机会，所以，他对几个子女的教育才格外重视。尽管当时家境并不太富裕，但为了孩子的将来，他还是咬咬牙在家里办起了家塾。他请了犍为县一位叫沈焕章的秀才来做专馆先生。

沈先生书教得不错，就是严厉了一点，所以家塾也兼收亲友的子弟。开贞的大哥、二哥都是他的学生，当时郭开贞还没有出生呢！郭家的人和乡里的人都很尊敬沈先生。

待到开贞长到四岁时，看到哥哥们每天去沈先生那儿上学，就也想去。父亲却觉得他还小。

年底，沈先生请假回家去过年，五哥开佐的课不能停。晚上，父母忙完了一天的事，就在灯下督促五哥补习。

念着咒语一般莫名其妙的《易经》和《书经》，五哥总是显得无可奈何，那语调像蚊子叫一样扰人。

五哥念来念去，总是背不下来，而在一边玩或是躺在床上的小开贞就会顺嘴诵出五哥刚才念的那一段。

听到开贞背得那般容易，就像是在念顺口溜，父母都很吃惊。八儿没正经学倒会了！

"娘，我也要读书。"开贞闪着乞求的目光。

"也许这孩子是块读书的料，虽然年龄小了点儿，试试吧！"父亲对母亲说。

母亲知道沈先生对学生很严厉，她有点担心四岁半的开贞能否受得了。父亲看出了母亲的心事，劝慰道："哪有学生不挨竹杖的，要想叫开贞有出息，就不能怕他挨打。再说,八儿聪慧得很,老师是喜欢聪明学生的。"

母亲听了父亲的话,沉思了片刻,又把开贞拉到跟前,摸着他的头,嘱咐道:"八儿,读书是件苦事情,不比在屋里耍,你可要用功!"

开贞点点头,他的心早就飞到沈先生的学馆里去了。

沈先生过完年,返回沙湾郭家,绥山山馆就开了春学,这是1897年的春天。

郭家的家塾,在后花园的粮仓旁,共两间房。正屋课堂大门上是一块写有"绥山山馆"四个大字的黑漆门匾,是沈先生的得意之作。

看到主人带着开贞拜师读书,身着长衫的沈先生迎了上去。虽然他还没有教过郭家这个八儿,但关于八儿的故事,沈先生却早有耳闻。他断定这必是个可教的孺子,将来的前途未可限量。

"来、来、来,童子发蒙要先拜孔夫子。"

沈先生点起一对蜡烛和三炷香,又把开贞拉到孔圣人神位前磕了三个头。

开贞转身又在沈先生面前跪下,恭恭敬敬地再磕三个头。

从此,郭开贞开始了"穿牛鼻子"的学生时代。

每天早晨,他和五哥一起去绥山山馆。

读书的滋味毕竟不像想象得那么轻松。开贞只新鲜了三天,就烦了。

"人之初，性本善。性相近，习相远……"

沈先生坐在前边念一句，晃一下头，下边的学童们也跟着念一句，晃一下头。几遍下来，开贞已念得滚瓜烂熟了，可沈先生还是没完没了地念。

接下来是背，然后是写，开贞都能很快地完成。可是《三字经》里讲的是什么呢？他却不知道。

开贞觉得这书读得一点意思都没有，远没有娘的童话、童谣可爱。

有一次，他背完了书，突然站起来问："先生，'人之初，性本善'是什么意思？"

沈先生拿着书愣了一下，脸色突然变成了猪肝色，教了这么多年书，还没有人敢这样问过他呢！这个后生胆子也太大了，不教训教训他还了得。

"读书只管读书，当问则问，不当问的不许乱问。"

开贞没想到沈先生会这样回答他。读书的心冷了下来。

他开始想办法逃学了。可是，每次父亲都硬把他抱进学堂去，无论他怎么叫、怎么闹。

同学们看到耍脾气逃学的开贞，都笑他是"逃学狗"。

无论父亲的强迫还是同学的讥笑，都没有令郭开贞抵住大自然的诱惑。

一天早晨，家里的佣工刘老幺出去买菜。开贞和五哥也跟着溜了出去。两个人像冲出樊笼的小鸟一样，奔向了郊外。

他们先是跑到茶溪去看溪水中青苔石下的小鱼,又去溪边的水磨坊看磨苞谷。待玩够了、看厌了,两人又跑到河滩上去放风筝。早春的风、温暖的阳光和清新的空气,让两个孩子心花怒放,望着徐徐上升的风筝,他们把读书上学的事忘得一干二净。

开贞和五哥正玩到兴头上,远远地见一个人急匆匆地跑过来,一边跑一边冲着他们喊着:"八少爷、五少爷,官府的人在追我,求求你们帮帮我。"说完,这人便跳进开贞和五哥身边的一个坑里躲起来。

跑来的这人是杨三和尚,他是个土匪,但对本乡人从不作恶,所以大人孩子对他都无恶感。

远处追赶的官差近了,但看到河滩上只有两个放风筝的孩子,便没有过来,张望了一会儿,就向别处去了。

虽然事情没有败露,但开贞和五哥毕竟没有见过这种场面。官差走后,他们来不及多看躲在坑里的杨三和尚一眼,就撒开腿往家跑去。

开贞和五哥没想到在大门口迎头撞上从铺子里回来的父亲。看他们气喘吁吁的狼狈相,父亲就知道他们是逃了学。他一手一个把他们拉进绥山山馆,见沈先生坐在那里,正在为开贞和五哥开佐的逃学生闷气,就说:

"沈先生,真是对不起,'养不教,父之过',两个逆子违反学规,请先生重重处罚。"

沈先生放下书站起来，满脸愠怒地说：

"'教不严，师之惰'，这也是为师平日失职造成的。"

沈先生叫佣工刘老幺拿来一根三尺长的竹片，劈头盖脸地打起两个孩子来。郭朝沛扭身出了屋。

打了一阵子，沈先生才停了手，开贞以为过了关，擦了下脸上的泪珠，没想到沈先生又说："一人搬一个条凳放在神位前。"

开贞和开佐又脱掉裤子趴在条凳上，这次沈先生专打屁股了，这才是正式的处罚。竹板一下一下落在他俩的屁股上，一时间山馆里只听见啪啪的竹板声，直到两个孩子哭着告饶，沈先生才住手。

开贞第一次挨这么重的责打，放学回到母亲房中，扑进娘的怀里哭了好半天。母亲自然也落了不少眼泪。

父亲进屋看到母子俩的样子，说："先生教学生，哪有不打的，不打不成人，打成做官人。"

母亲不能不同意父亲的说法，但没头没脸地打，会打出毛病的呀！再说，小孩子哪有不调皮捣蛋的。

晚上，开贞睡了。母亲走到床边看看，他的眼角还挂着泪珠。

怎么才能既不妨碍沈先生教育孩子，又避免孩子被打坏了呢？母亲左思右想。对了，何不用笋壳做个头盔让八儿戴在帽子里，这样不就解决问题了吗？

第二天早饭后，母亲悄悄地把头天夜里缝制的头盔，套在开贞的帽子里,对他说:"再也不要惹先生生气了,好好读书,听到了吗?"

开贞点点头,昨天的教训他没有忘记。

谁知没过几天,开贞又让沈先生发了脾气,那是因为他在课堂上打闹,扔了五哥的书。读书人不爱书还了得。沈先生操起竹片边打边叫:

"几天不打就牛皮子发痒啊!"

放学时,五哥拉住开贞悄悄地问:

"八弟,先生今天打你的头,你怎么一点都不怕?"

"我有护身的法宝呀!"

"什么法宝?让我看看!"

开贞得意地摘掉帽子,露出笋壳头盔。五哥见到,就上来抢,开贞不给,两个人在院子里追打起来。刚好母亲走来,见这情景,便把两个孩子叫到身边说:

"五儿,你不要争了,明日娘也给你做上一个,只是你们千万不要叫先生知道了。"

头盔的事,沈先生最终还是知道了,以后再打板子的时候,他就叫他们拿下头盔,然后再责罚。好在随着年龄的增长,开贞和开佐惹沈先生生气的次数越来越少了,挨打的事也不多了。

六、"汤先生吃汤，汤烫汤先生"

今天的学生是体会不到私塾是种什么滋味的，先生的责罚使学生饱尝皮肉之苦。而对郭开贞来说，还有另一种责罚比这种皮肉之苦更残酷，那就是"诗的刑罚"。

郭开贞上家塾两年了，随着时光的推移，沈先生授的课也深了许多，《三字经》读得烂熟后，孩子们就开始读清人车万育的《声律启蒙撮要》，还有《千家诗》和《唐诗三百首》。这些连大人都搞不清的虚实平仄，对孩子们来说就更困难了。可是如果做不出来，就要挨先生的责罚。很长一段时间，学童们最不愿意上的就是诗课。

与大家相反，开贞喜欢上沈先生的诗课，尽管有时候也会被先生出的题目憋得心烦意乱。先生说："做不出来就别想放学，也别想出去玩。"实在憋得难受了，开贞就想起沈先生以前教《声律启蒙撮要》时说过的话：

"古之文人，是以诗赋传世，而诗赋之功夫，关键在声律对仗。"说到这里沈先生便微闭双眼，仰头背道：

"云对雨，雪对风，晚照对晴空。来鸿对去雁，宿鸟对鸣虫。三尺剑，六钧弓，岭北对江东。人间清暑殿，天上广寒宫……"

开贞念上一会儿，仿佛慢慢摸到一点韵律。云、雨、雪、风、晚照、晴空、来鸿、去雁、宿鸟、鸣虫……不知不觉，一本《声律启蒙撮要》也背得朗朗上口了。

孩子们背会了《声律启蒙撮要》，沈先生很高兴，他要领着这群学子到大自然中去学诗。

一天，沈先生带孩子们去绥山山馆后面的茶溪边钓鱼。溪边的景色宜人，久坐书馆的孩子们撒欢儿似的在溪边打闹嬉笑。一会儿，沈先生叫住了大家，说：

"你们已经学会了对对子的功夫，今天我要在这里考考你们。"

孩子们都围拢过来，等着沈先生出题目。沈先生捋着花白的胡子，挥了一下手中的鱼竿说：

"我们先从最简单的两字对开始吧！我说，'钓鱼'。"

沈先生说罢，扫视了一下四周，一张张小嘴都紧闭着。他刚想再重复一遍，一旁的开贞突然蹦出了一句：

"打虎！"

"好！好好！"沈先生捋着胡子，连声叫好，这倒把开贞吓了一跳，"'钓鱼'对'打虎'，太妙了，鱼在水，虎在山。"

其实开贞当时并没想得那么周全，他只是前些日子看过一出《杨香打虎》的木偶戏，今天听到先生出的题目，便顺手拈来一用罢了，没想到竟博得先生的如此好评。

"还有谁能对上来？"沈先生兴致很高地启发着。

"先生，我也想了一个，是'捉蝶'！"开佐说完，两眼紧张地注视着先生。

沈先生点点头:"嗯,对仗比较工稳,只是不如'打虎'来得有气魄和胆略。"

接着沈先生又出了四字对、五字对、六字对、七字对。孩子们七嘴八舌地对个不停,对得好的,先生就表扬鼓励几句;对得不好的,先生就皱着眉摇摇头。对得最好的不用说是郭开贞。

晚上放学,沈先生见到开贞的父亲,得意地讲述了白天在溪边对对子的事,最后竖起大拇指自信地对郭朝沛说:"老爷,此子出口不凡,将来必成大器。"

开贞心里也很高兴,晚上,他躺在床上背诵喜爱的唐诗,忽发灵感,心里冒出了几句诗来,他赶紧爬起来找了纸笔记下。第二天早晨,开贞把写好的诗拿去向沈先生请教。沈先生看着看着不由得吟了起来:

闲居无所事,散步宅前田。
屋角炊烟起,山腰浓雾眠。
牧童横竹笛,村媪卖花钿。
野鸟相呼急,双双浴水边。

念罢,沈先生轻轻拍了拍开贞的头:"好好学吧,一会儿上诗课,我要念给大家共欣赏。"

沈先生按捺不住心中的喜悦,自己授学勤耕多年,能遇上这么个可塑之材,也是三生有幸啊!

郭开贞果然没有辜负先生的教诲。随着年龄的增长,他越来越显现出诗歌的才华来。看的古诗多了,他也渐渐有了自己的评价。唐诗中,他喜欢诵王维、孟浩然、李白和柳宗元的诗,不喜欢杜甫的诗,而对韩愈的诗和文章则说不上为什么有些莫名的痛恨。

在郭开贞的诗歌修养的训练上,还有一位值得一提的先生——汤老表。

汤老表家住沙湾下游十里的太平镇,是开贞姑母汤二娘的儿子,叫汤苏。

汤老表的眼睛高度近视,所以他经常闹笑话。据说有一次他买了一瓶酒回家,系了个绳套想挂在板壁的铁钉上,谁知一撒手酒瓶落地开花,再看铁钉已生翼而飞,原来那"铁钉"是一只停在板壁上的苍蝇。

汤老表一生清贫却不依附权贵,刚直不阿。

一次,上游一个富绅出四十块银圆请他书撰一寿屏,欲拿去为乐山一当官的老太爷祝寿,汤老表一伸手说:"要写可以,至少六十块。"富绅左求右劝,汤老表拂袖而去,留下一句话:"汤老爷的文章从不贱卖。"

汤老表好喝酒,一次酒后路过太平镇王家大门前,见门上挂着一方形玻璃大灯笼,上书"积功好义"四字。他顿生怒气,王家平时依仗权势,欺侮四乡,还把从百姓手中筹集的修牌坊的钱据为己有。这样的人还有脸自诩"积功好义",他抡起铜头烟杆,乒乒乓乓将玻璃灯笼捣了个稀巴烂。王家怕汤老表去衙门告发,反而托了熟人去向汤老表赔礼道歉。

郭开贞十三岁时,母亲送他去太平桥,在汤老表当先生的家塾里上了半年学。汤老表见舅母领着开贞来,就说:

"舅母,我和八老表是表兄弟,他今天进了我的学馆,就是我的学生,我要像对待其他弟子那样对他了。"

"当然,开贞交给了你,就是请你严加管教的。"母亲巴不得汤老表能对八儿严格些呢!

听着母亲和汤老表对话,开贞心里也很乐意,因为汤老表平时对他客气随和,虽然他比自己大十几岁,但平辈在一起,肯定要比跟沈先生时安逸些。

没想到成为师生以后,汤老表在课堂上再也不随和了,对开贞有时比对别的学生还要严厉。这无疑导致开贞反抗心理的产生。

一天,汤先生布置学生们自习后,便去坐茶馆。一个学生在墙上贴了一个字条,上面写着:"汤先生吃汤,汤烫汤先生。"同学们一边念,一边前仰后合地大笑。

汤先生回来见后气得眉毛都竖了起来,非要找出祸首,见半天没人吱声,就笑笑说:

"没人承认也罢,但今天你们必须对出这句话的下联来,不然,罚坐到天黑也别想放学。"

大家一听先生这么说，立刻急得没了主意，那个写字条的学生急得都快哭了出来，因为是他连累了大家。

郭开贞这时站起来说："先生，我已经对上来了。"

大家立即把目光都集中在开贞身上。

"好！那你念出来给大家听听。"汤先生似信非信地说道。

"上联是'汤先生吃汤，汤烫汤先生'，我的下联是——"此时，学堂里的所有人都竖着耳朵在听。开贞略一停顿，不慌不忙地接着说：

"下联是'马大娘骑马，马顶马大娘'。"

同学们听到这里哗地大笑起来。这位马大娘挨马顶的情景，是大家前几天亲眼看见的。郭开贞竟把它用到这里。

听完开贞的对子，汤先生的一肚子气扑哧一下消了。他不知道学子们笑什么，但琢磨一下这副对子，还真有那么点意思；开贞这小老表还真有那么点灵气儿。

他大声地宣布："放学！"

开贞对对子的本事在太平寺出了名，他自己也找到了对付汤先生的办法，汤先生爱才如命，只要你让他点头称道，天大的事也可化解。

端午节放假三天，学生们回私塾时，都要给老师带些礼物和礼钱。母亲让开贞带一吊钱给汤先生，开贞却在半路上花掉了。汤先生见开贞两手空空而来，心里不大痛

快,就写了个纸条给开贞,上面写道:

"竹本无心,节来岂能空过?"

开贞看出诗句中的双关语,是汤先生在责备他,于是脑子一转,也写了张纸条还给汤先生:

"松原有果,叶落尽是干苞。"

汤先生看过,轻轻晃着头笑了。他对开贞说:

"好,对得好,有你这个对子,我汤老表知足矣!"

还有一回,学生们趁汤先生不在,跑到塾馆一墙之隔的太平寺的园子里偷摘桃子吃,被寺中主持告到汤先生那里,汤先生又出一上联惩罚学生:

"昨日偷桃钻狗洞不知是谁。"

见大家不回答,他就点名要开贞对答。

这次恶作剧的确是开贞领的头,但他不想向汤先生低头认错。况且,先生并没有确凿的证据。此时,开贞见躲不过去了,只好拍了拍后脑勺站起来说:

"我对'他年攀桂步蟾宫必定有我'。"

话音未落,汤先生已拍案叫绝了。他把偷桃之事丢到脑后,却大谈起此联对得如何如何好来。

晚上,汤先生把开贞叫到自己的屋中,亲切地对他说:"八老弟,莫怪表哥平时对你严厉。凭你的资质和才华,今后会有很大发展的,只是我们这地方太闭塞,凭你这些年打下的古文功底,去考考嘉定城新办的高等小学吧!"

七、大哥带回的春风

在郭开贞的童年生活里,除了父亲、母亲和沈先生以外,大哥是另一个给他影响最大的人。

大哥叫郭开文,从小就是个天资不错的孩子,起初是在家塾里跟沈先生读书,后来又被父亲送到成都去上学。他参加过几次科举考试,都没有成功。不知什么时候,他突然成了启蒙运动的急先锋。

他把外面的革命空气带回乡里,提倡建立放足会,解放妇女,母亲那时已五十多岁,第一个响应放了足。

大哥还做通了家里的工作,让几个妹妹和侄女跟着沈先生读家塾。另外,他还鼓动乡里开办了蒙学堂,从城里请来了一个成都师范的学生当教师。每天早晨,老师领着学生出"洋操",镇上有好多人围着看。

大哥带来的启蒙春风也影响到郭家的家塾,沈先生虽然一生与古文打交道,但并不保守。除了"洋操"这件事他不太感兴趣外,对大哥寄来的书报杂志,他也偶尔翻翻看看。

在郭开贞的心目中,大哥是个开朗潇洒的青年人。他会作诗,会画画,会写字,还会刻图章。大哥的《芥子园画谱》和《海上名人画稿》是开贞最喜欢看的图书了。那本《海上名人画稿》里有一幅《公孙大娘舞剑器图》，是工笔画，开贞看时就会想到那首《观公孙大娘弟子舞剑器行》的唐诗。画稿中还有一幅黑白的"美人图"，一簇芭蕉，半扇圆窗，美人倚窗而立，画上题着"万绿丛中一点红，动人春色不须多"。他读到"一点红"，就会想到家里的女孩子们过年节时涂的红嘴唇。

开贞还极佩服大哥的一手书法。大哥告诉他：这是苏字，苏东坡体。很多当代名人大师都写苏字。带草连真，飞动潇洒，很符合大哥的性格。开贞不喜欢家塾中练的那些工工整整的楷书，有时沈先生不在，他也会龙飞凤舞地来上几笔，感觉痛快极了。

大哥在外边上学，平时不常回来，开贞总是很想大哥，他常常会问母亲："娘，大哥什么时候能回来呀？"母亲安慰他说："你哥学习紧张，放假就回来了。"

"好，那就等到放假。"开贞想。

大哥考上了成都的东文学堂。那年暑假，他陪着两个东洋人教习去峨眉山玩，回来时又带他们到沙湾来做客。

大哥向家里人介绍两位老师，一个叫服部操，一个叫河田喜八郎。开贞听了想笑，东洋人的名字可真奇怪，叫什么不好，干吗非要叫"佛菩萨"和"河田稀巴烂"呢！

假期里，沈先生请假回家去了，大哥把两个老师安排在私塾里住下。

开贞悄悄地问大哥："他们是洋人，怎么跟中国人长得一样呢?"

大哥笑笑说:"西洋人才是高鼻子、蓝眼睛、黄头发,而日本是东洋,跟我们一样,都在东方。"

"佛菩萨"和"河田稀巴烂"在沙湾住了三天。开贞虽然听不懂他们的话,但老是围着他们转。

大哥领他们去韩王庙旁的大渡河岔河边钓鱼,开贞也跟了去。开贞想要东洋人的一个画着好看油画的小饼干罐来装鱼,两个东洋人却好像听不懂他说的什么。开贞只好算了,他觉得这两个东洋人真小气,小气得连一个铁皮罐都舍不得给人。

年底,大哥从东文学堂毕了业。过了年,正月里大哥就要去日本留学了。同县还有十几个人同行。

大哥征求父母意见,希望带着开贞一道去。父亲没有同意,大哥仍没有死心。

大年初一天一亮,大哥就轻手轻脚地来到父母房里,开贞和父母住在一起。大哥见开贞已醒来,躺在床上,就走到床边坐下。

"八弟,你是喜欢留在家里,还是喜欢跟我去东洋?"

大哥问罢,偏过头看看父母的大床,大概是昨天熬得太晚了,父母睡得很熟。

"大哥,我想跟着你去。"开贞声音很大。

大哥把食指竖在嘴上嘘了一声,说:"小声点儿。"又问:"那你想去学什么呢?"

开贞一时想不出到日本该去学什么。

"那就学实业吧,实业学好了才能干实事,可以富国强兵。"大哥代开贞说了。

对于一个不大的孩子来说,什么叫实业,他并不清楚,不过"富国强兵"几个字,他在沙湾蒙学堂的门联上见到过。这几个字说出来响亮上口,给人一种上进的力量。

大哥话题一转,问道:

"八弟,你喜欢大脚,还是小脚?"

"当然是大脚了,娘的脚放了以后走路多带劲呀!"

大哥听了开贞的话,兴奋起来,提高声调说:"看你人小,倒还挺懂得文明哩,大脚是文明,小脚是野蛮……"

"混账东西!"

大哥还未说完,就被床上的一声怒吼顶了回去。父亲不知什么时候醒来,边坐起来,边指着大哥骂道:

"你这东西才文明啦,是不是!你把祖宗八代都骂成蛮子去了!"

父亲的话简直是晴天霹雳,把大哥和开贞震得目瞪口呆。大哥嘴唇动了几下,像是要解释些什么,但终于没有说出来,两行热泪顺着脸颊扑簌簌落了下来。

母亲也起来了,看看两个孩子,又看看父亲,低声地埋怨道:"孩子们说话,你也不至于发这么大的火呀!"

父亲一甩手出去了。

正月里,大哥告别了家人,和几个同学一道去了日本。临别时,开贞觉得有许多话要跟大哥说。大哥单独对开贞说,你要好好地学习,打好基础,以后还是有机会出去的。

大哥走后,开贞的心好些天才平静下来,但那颗想出去闯世界的种子,已经在他童年的心中扎下了根。他一个人待着的时候,会有种淡淡的说不清的渴望从心中升腾。他有时莫名其妙地觉得很无聊,私塾里每日读写的东西,都是老生常谈,枯燥无味。

一天,开贞闲翻大哥的书橱,那里面都是大哥去日本前留下来的书。他发现那堆书里有《西厢记》、《西湖佳话》和《花月痕》。

《西厢记》是木板印制的小本,上面还带着一些印得模模糊糊的画。《西厢记》的故事,开贞多少知道一点儿,他看过川剧《拷红》,戏中那个叫红娘的太能说了,开贞记不得她的戏文,可是她那伶牙俐齿、能言善辩的模样却刻在他的脑海里。

这部书他以前见大嫂看过,当时并没有引起他的任何兴趣。但这次,他却很想翻翻看看。开贞知道,家里的大人是不会让他看这类书的,他好像听大嫂说过,这是什么"禁书"。

开贞终于想出了办法。那天,他对家里人说:"我头疼啊,想要睡觉。"于是他大白天回到屋子里,放下床上的蚊帐,在里边偷偷地看,一看竟看得如醉如痴。

大家都有些奇怪,八儿平日里很少生病,怎么这些日子老是头疼?母亲对父亲说:

"要不要找个郎中给他诊诊?"

一天,大嫂去大哥的书橱中找一本什么书,偶然发觉《西厢记》等书不见了。若是其他的书,可能她不会在意,偏偏《西厢记》是她最喜欢看的书。她想:谁会不说一声就拿去看呢?难道是八弟?不太可能,他还是个小孩子呀!

大嫂决定私下里去问问开贞。听说八弟今天又头疼在屋里休息,她就去屋中找他。

开贞正趴在帐子里捧着书看得入迷,忽听帐子外有人喊他的名字。他急忙把书藏在枕头下面,抬头往外看,竟是大嫂站在那里。她是什么时候进屋来的,怎么一点儿也没有听到声音?

"八弟,这么热的天,你躲在帐子里看什么书?"

"没有什么书,在背书!"

"是不是《西厢记》呀?这种书小孩子是不该看的。"

看来大嫂已是什么都知道了,开贞乖乖地把书拿出来交给大嫂,然后低着头说:"你能不告诉父亲母亲吗?"

大嫂没有回答他的问话,只是略带责备地说:"以后可不要再看这种小孩子不该看的书了。"

大嫂最终还是把开贞偷看《西厢记》的事，告诉了母亲。母亲严厉地训了开贞一顿。听着母亲的训话，开贞沉默不语，他知道大嫂是为他好，母亲的批评也是对的，但心中那种青春的涌动却也是按捺不住的。

父亲知道教训并不能管住开贞强烈的好奇心和旺盛的求知欲，他说："有机会送开贞进城上学。"

第二章
在大佛身边

一、两座山上有两座塔

光绪三十一年,也就是公历1905年,科举制度被废除了。嘉定城内开办了第一所县办高等小学——乐山县高等小学。校址选定在城北的草堂寺。九十月间,学校尚在建筑之中,就开始招收第一届学生了。

招生的消息像长了翅膀,很快传遍了铜河两岸,沙湾镇有些钱的人家纷纷把自家子弟送到嘉定去报考这所学校。那劲头,一点儿都不比以前考科举时差。单一个小小的沙湾,就有十几个学生去报考。

开贞还在汤先生那里读书时就已听说了这件事,如今,办小学的事变成了现实,他自然也非常想去嘉定上学。

金秋时节,沙湾镇十几个孩子的家长,合伙包租了三只大船,送孩子们进城赴考。

郭朝沛也为儿子开贞打点起行装,并亲自护送。

一大清早,三只大船便离开了沙湾的姚河坝,一路顺流而下。

开贞三四岁时,曾跟着母亲到过嘉定,但是像这样一大群人乘着这么大的船一同去,还是第一次。一路上,他心情特别好,好奇地瞅着沿岸往后退去的各种景色,胸中涌起阵阵诗情。母亲是不是也走过水路?那次进城,母亲坐的是滑竿,他和元弟是坐在箩兜里,被挑夫一边一个地挑着的。一路走在田里,他眼前闪过的是无边无际的青青的菜叶。

这次,伴着滔滔的河水声,开贞看到一幅幅动人的风景画。家乡可真美!

时至午后,船上忽然有人喊了起来:

"看,看哪!前边有一座塔!"

"那边还有一座哟!"另一个眼尖的人接着叫道。

船上的人都伸起脖子极目远望。

开贞踮着脚尖,果然看见远远的地平线上,一座塔慢慢地升了起来,越来越高,越来越清晰。在这座塔的右边,他又看到了一座。

"前边的是城里高标山上的塔,"父亲告诉开贞,又指着另一座说,"那座是正对着大渡河的凌云山上的塔。"

船到了嘉定城虾蟆口处的水西门了。

一位沙湾的老人,指着左岸高耸着飞檐的城楼和黑森森的城门洞对船上的人说:

"凡是第一次进嘉定城的人,进城的时候,都要向城门洞作三个揖。"

老人说得一本正经,可开贞还是觉得老人是在跟后辈们开玩笑。一个城门洞,难道也值得大家都像敬神似的顶礼膜拜吗?

他扫视了一下周围的人,真的有人恭恭敬敬地在作揖。

高等小学的招生考场,正对着嘉定城的玉堂街,地方宽敞。这里原先是科举考试的考棚,现在科举取消了,新的考试就占了这块"宝地"当考场。

考场很出名,左边是乐山县的衙门,右边是丁东街。

开考这天,考棚外人多极了,足有一两千人。

考试的规矩跟科举时差不多,因为按当时的标准,小学毕业生,相当于秀才。有许多人是多次参加科举考试未成功的,所以报考高等小学的竟有不少三四十岁的人。

点到郭开贞的名,他走进考棚的仪门。考棚内左右两侧是两条很长很大的敞廊,中间是一片宽大的草地。敞廊里有两排石板桩,桩上放着长长的厚木板,作为案桌和板凳。在最外边的一溜石桩上写着"天地玄黄宇宙洪荒"八个大字。

开贞找到自己的字号坐下来,心里不觉得紧张,倒觉得很好玩。

他看看面前的试卷,竟没有在私塾里学的难,只考一道国文题和几道数学题。三下五除二,没用多少时间他便大功告成。看看左右前后,一个个脑袋都埋在卷子里答题。他又检查了一遍,觉得没有什么可改的地方,就交了卷子。他走出场子先去抢为考生送来的面包,又去跟几个考罢的小学生玩去了。脑子里完全没有考好或考坏的概念。

头场揭晓了,上千人中共有二百多人考取了。沙湾来报考的人都挤着读榜,当读到郭开贞第二十七名时,大家都把目光投在这个顽皮的孩子身上。

郭朝沛显得很得意,儿子在沙湾的十几名考生中年龄最小,却考得最好,他的脸上有了许多光彩。

复试时,郭开贞发挥得更出色了,竟在正取的九十名考生中排第十一名。

第十一名啊!父亲的脸上笑开了花,当别人拱手向他祝贺时,父亲总是谦虚地向对方表示,八儿还差得远呢!可是开贞从父亲的一举一动中,都感觉到了父亲发自内心的满意。父亲在开贞的眼中,可一直是个不大笑的人啊!

郭朝沛带着儿子连着走了几家亲戚,所到之处,开贞都大受表扬。又是郭家风水好,又是八老表年少成名,大家说得开贞心里麻酥酥的,有种说不出来的滋味。

郭朝沛领着争气的儿子游览了城内的高标山。开贞登上山顶,俯瞰全城,真有种居高临下之感。放眼远眺,三江汇聚,凌云山侧大佛端坐。父亲告诉他,古人素有"天下之山水在蜀,蜀之山水在嘉州"的说法。

游兴未尽,父子又同去在沙湾教蒙学堂的刘先生家做客。刘先生这次送沙湾子弟来县城投考,见到郭氏父子,格外热情,邀他们同游了凌云山。

郭开贞这是第一次来到大佛身边,古代劳动人民用智慧和汗水创造了奇迹,使他的心灵受到震撼。刘先生还告诉开贞,苏东坡曾在凌云山上读过书,山上的一处石壁上还刻着"苏东坡载酒时游处"的字样。

刘先生晃头吟咏:

少年不愿万户侯,亦不愿识韩荆州。
颇愿身为汉嘉守,载酒时作凌云游。

虽然开贞一时还不能理解大诗人苏东坡诗中所言的一切,但他隐隐感觉到,这位古代的诗人身上有种凌云般的正气和奇志,还有一种对嘉州的挚爱之情。

站在石壁前,开贞沉默了好一阵子。

二、初识"易老虎"

1906年春天,乐山县高等小学正式开学了。

郭开贞告别了父母,进城到校,寄宿学习。

草堂寺过去的样子，开贞还有点印象。如今，张狗儿背着他看戏的戏台没有了，取而代之的是学校的正门；戏台前的广场，成了学校的操场，操场的左边是自修室，右边是学生寝室，正面的大殿，成了上课的地方。

学校有一半是三十岁以上的学生，上操时，他排在倒数第三个。

由于这是县办第一所高等小学，师资力量明显不足，加上开学时间不长，校长陈济民就辞职去离城三十里的另一所小学当校长去了。大家谁也弄不清到底出了什么事，只是觉得学校的课程贫乏枯燥得令人没法子说。

开贞进入高等小学读书时，已是十四岁了，但儿童那种天真好动的性格却没有变。他是班上年龄偏小的学生，而八年私塾的经历，又使他成为班上乃至学校的知识"富有"阶层。

学校的教学缺少新意，开贞对课程既没有兴趣又没有劲头，于是就和几个调皮的孩子一起捣蛋。除了上课，几乎所有的自习时间都泡在了操场边的沙坑里，他开心极了。天黑得不能再在外面玩了，他才回到教室里看上一会儿书。尽管如此，他的学习成绩仍轻轻松松地名列前茅。

因为是新式学校，规定不许体罚学生，没有家塾沈先生和汤老表的那种威慑，开贞有种"解放"的感觉。

当然，这种"解放"还是有限度的，学校里的监学对学生管得很严，同学们背地里称他为"老虎"。他叫易曙辉，以前教过散馆。

易先生长得也有点对不起人，白皙的面庞上镶着一个大大的酒糟鼻子，鼻子上扛着一副玳瑁圆框架的"瓶子底"镜片，就像戏台上施了粉的奸臣。他要是一叫起来，真跟虎啸一样。

同学们怕他又恨他，背地里就琢磨他。"老虎"和"老鼠"谐音，易先生眼睛近视，有人根据"鼠目寸光"的成语，给他起了个"寸光先生"的雅号。

开贞也觉得"寸光先生"这个雅号起得好，真不知大家是怎么琢磨出来的。他也怕易先生，但同时又有点儿佩服他。在这么多门课中，相对而言，易先生讲的课还比较有趣味。

易先生讲课能旁征博引，从历代文人对这片山水土地的吟咏赞叹，到嘉定城四处名胜的历史沿革，都令开贞感兴趣，让开贞了解了不少嘉定地区的乡土志。原来"寸光先生"也有着满肚子的学问。

不过，听易先生的课也是一宗苦事情，整整一个小时，学生们坐在凳子上必须纹丝不动，谁要是稍有晃动，就会引来易先生一顿"虎啸"。

为了学到感兴趣的知识，淘气的开贞上易先生的课总是规规矩矩的。

不久，"易老虎"病了，一直到第一学期结束都没有回来。学校只剩下了帅平均先生和刘书林先生。

帅先生的确很帅,他是本县的廪生,当年曾官费去日本留洋。可惜在那边上的客文师范学校,是一所日本人骗中国人钱的学校。

帅先生在校担任算术、音乐、体育和读经讲经四门课的教学。

开贞怎么也搞不明白,怎么会是帅先生教算术,因为帅先生的算术实在差得可怜。上课时帅先生总是硬着头皮把抄本上的阿拉伯数字画到黑板上,要是遇到做习题,还会闹出把加法都做错的笑话来。简直是误人子弟。

上体育课更可笑了,帅先生不知从什么地方学的"柔软体操",学生们在操场上,跟着他扭日本式的舞蹈步子,边做边嘻嘻哈哈地打闹,根本不像上课的样子。

倒是上音乐课他还颇为自信,帅先生会按风琴,同学们随他引吭高歌,开贞竟也学会了《吾党何日醒》等好几首爱国歌曲。

只有上读经讲经课,是帅先生最帅的时刻。他一边不断地说上一句"吾师廖井研",一边滔滔不绝、绘声绘色地讲解《王制》。整整一个学期,读经讲经课都是在讲解《王制》的内容中度过的。而"吾师廖井研"的口头禅,也使帅先生赢得了"巫师吊颈"的外号。为什么叫"巫师吊颈"呢?恐怕又是"吾师廖井研"的谐音吧!

人各有短,人各有长,虽然帅先生的算术、体育颇有误人子弟之嫌,但他的经学教育,却使郭开贞永远难忘。

帅先生能把艰涩难懂的东西讲得深入浅出，让学生们都能听得懂，这不是件易事。

学校的另一位先生，叫刘书林，也是一名廪生。他不是本地人，家在成都附近的什邡。

他与"易老虎"在性格上有着强烈的反差，平时待人温和极了。刘先生担任历史、地理、作文三门课的教学，他的课与他的人一样，也是平平淡淡的。开贞一学期上下来，对刘先生没有太大的印象。

学习上的"吃不饱"，使开贞把注意力放在了课外。沙坑的把戏玩厌了，他就叫上几个年龄相仿、兴趣相投的同学，偷偷跑到学堂后面寺庙的中和大殿里去捉迷藏。

一天，他们又到后殿捉迷藏，不知是谁拔掉了右边观音院门口的栅栏，几个人便钻了进去。

观音院里光线很暗，正面塑着三尊送子娘娘，娘娘的脚边，还塑着许多站像。

孩子们觉得这个地方比后殿还有趣，就爬到莲台上去解送子娘娘头上的红绫带子。

有人发现站像里塑有一个光着屁股的小男孩，头上戴着瓜皮小帽，于是几个孩子就一哄而上地去揭小男孩塑像的帽子。帽子摘下来，发现塑像头上有个小洞，原来小男孩塑像的肚子是空的。

过了几天，开贞又和几个同学去观音院玩，远远地瞧见一个小和尚正从小男孩塑像的头顶往他的肚子里灌水。

啊，原来是这么一回事，怪不得有虔诚的人前来朝拜求子时，光屁股的小男孩塑像就会尿出"神水"来，烧香许愿的人就用碗接回去喝，以求生子。

这个小小的把戏没想到今天让他们撞上了，开贞和几个同学都非常气愤。

小和尚走后，几个孩子便连推带搬地把站立着的塑像弄翻了，又在上面撒了尿，然后胜利者一般跑回了学校。

第二天，寺里的和尚告到了学校。先生找到大家质问，几个孩子一言不发，结果没有查出到底是谁干的，只好把全体学生都训了一顿，又立下规定，再也不许进入正殿及后院。

寺中的和尚为了防止再发生类似事件，又在殿门的木栅栏外另加了一道结实的板壁。

三、结拜兄弟吴尚之

童年和少年时代的朋友，往往是最纯真最难忘的。

郭开贞认识吴尚之，是在进高等小学之前，也就是来乐山报考高等小学的时候。

一天上午，郭开贞一人去高标山，不知不觉地走到了城隍庙的背后。他从坡上往下望，不远处有一所学校，是城里有名的蒙学，大概是下课时间，许多学生在一个有秋千、铁架、浪桥的场子上游戏。

开贞看着城里的孩子们，心想他们有这么多玩的东西可真是幸福，自己要是考上了高等小学，是不是也会这样呢？

正望得出神，他发现一个穿着青洋缎马褂、葱白色竹布长衫的白皙少年，穿过草地，向坡上走来。

少年的个头比开贞低，开贞第一眼看见他，就有一种摸到水晶石般的清静和冷意。两人走得很近，彼此看了对方一眼，没有打招呼就分开了。

没想到在高等小学，两人又见了面，而且成了很要好的朋友，上课在一起，自修在一起，玩也在一起。

熟了之后，开贞才知道，吴尚之和自己是同年同月生的，比自己年长几天，但由于身材矮小，反倒像自己的弟弟。

尚之性情文静，无论长相，还是一言一行，都有一种静静的美，如一条月下流动的小河。开贞的性格正与他相反，似一条波浪翻腾的大河，两条"河"就这样融洽地汇合在了一起，感情交融如一对亲兄弟。

吴尚之是城里人，他的家住在城内文庙附近。因为文庙前有两个半圆形的泮池，这一带便叫了"月儿塘"这个好听的名字。从泮池往前走，不远处有一眼井，井水清冽，流泉滴落，井中就回响着叮咚的声音，于是又有了丁东井和丁东街。吴尚之的家就在这丁东街上。

尚之喜欢研究地理，常在纸上、地上画地图。在学习上他比开贞用功得多，白天从不跑到教室外去玩耍打闹。只有到晚上放了学，他才肯陪着开贞到学校外边去玩。

当然，这也需要事先和看学校大门的张稽查说好了，因为住在学校里，平时没有请假条是不允许出校门的。开贞答应玩完回来，给发慈悲的张稽查买些咸牛肉、豆腐干、花生米之类的小菜下酒。张稽查也就睁一只眼闭一只眼地由开贞和尚之进出了，只是每次都叮嘱：要早些回来，不要叫别人看见。

开贞管晚上出去叫"奋飞"，这个暗号只有他们两人知道，无论谁说一声"奋飞"，两人就会心照不宣地溜出学堂。

"奋飞"的地方，大多是去尚之家在玉堂街十字路口开的小酒店里海阔天空、东南西北地神聊。

若是星期六，学校有半天假日，两个好朋友就不必偷偷摸摸"奋飞"了，尚之人熟地熟，两人结伴去登高标山，游凌云山。虽然这些地方都是去了多次的，但每次去玩，两人还是会有种新鲜感。

晚上尚之要回家，开贞要返校，于是两人又送来送去好一阵子才分手。其实到星期一，两个好朋友又要坐在一个学堂中听课了。

两人也有闹矛盾的时候，有时竟是一点很小的事。"决裂"的那一两天中，两人互相见面也不说话，有时还会相互以字条责备对方,只是责备来责备去,两人又不知不觉好到一块儿去了。

后来,小学里风行结拜兄弟,开贞和尚之也不例外,别人结拜多是一种形式,他们俩的结拜却是执着的。

除了玩,在学习上开贞和尚之也很合拍。开贞的记性好是出名的,尚之也不差。第一学期历史测验前,刘先生要求学生们背《十六国春秋》中的内容,大家都抱怨胡人的名字难背。开贞和尚之拿着书本跑到一间没人的自修室里,按照书,十行一背地比赛,结果两个人都是只看一两遍就背得烂熟了。

那日,两人正在兴致勃勃地背书,尚之突然哇地吐了一大口血,开贞见到吓得不知如何是好,他拉着尚之说:

"都怪我这几天拉你复习,太累了,对不起呀!"

"不要紧,我以前也吐过的。"尚之反过来安慰开贞。

"那你家里的人不知道吗?"开贞问。

"嗯。"尚之点点头,笑笑,脸色更加白皙了。

开贞绝没有想到,好朋友吴尚之得的是当时无法治愈的危险病症肺结核。

第一学期结束时,郭开贞考试得了全校第一名,这使所有的人都震惊了。平时看不到用功的贪玩孩子,怎么可能有这么好的成绩?许多年龄大的学生觉得自己的尊严和脸面受到了凌辱,便联合起来找到校方。这时学校因校长辞职,易监学生病,帅先生和刘先生就成了大家围攻的目标。

大龄生的代表围在教务长室外乱嚷乱叫，要求校方查卷子，改分数。开贞也被七手八脚地拉到教务长室外听闲话。

帅先生起初还竭力解释分辩，但蛮不讲理的老童生们把他从这屋赶到那屋，墙上张贴的榜文也不知被谁撕了下来。被逼无奈，帅先生也怕这些嘉定城中的纨绔子弟会把事情闹大，让他丢了饭碗，只好违心地做出决定：扣掉郭开贞学期考试成绩的三分。理由是：他端午节时曾请了一个星期的假回家去了。

郭开贞从学校的第一名降至了第三名，一场风波才平息下去。他心里一百个不服气，可又百般无奈。他第一次体验了世间的不平和人与人之间的险恶。

整整一个暑假，开贞的心里，始终像是堵着一块大石头。他反倒看了好多好多的书和杂志，这些大都是过去大哥从成都带回来或订阅的。从书本上、杂志上，郭开贞第一次觉得这个世界是那么大，需要学的和不知道的东西有那么多。每天，他和小伙伴们不是去茶土寺边的余溪钓鱼，就是在溪中游泳，有时，也去稍远的山上远足。他开心和高兴的时候，有时也会突然想到上学期的考试风波，一想到这，一切好兴致马上就飞得无影无踪。开贞是个不怕事的孩子，他下决心，下学期一定要治治几个可恨的老童生，出一口气。

四、戏弄老童生惹来了风波

新学期开始了,学校有了些变化和起色。

先是病了很长时间的"易老虎"回来当了校长,而之前辞职的陈校长陈济民又回来教国文了。

易先生的厉害是出了名的,陈先生虽然幽默多于严厉,但他的幽默也常带着几分针刺。这也是令大家有些敬畏的。

开学不久,学校进行了一次分班考试。这次考试是临时加的,原因是嘉定府第二年要开办中学,小学里要有一些人提前毕业。

分班考试的内容只有一道国文题。题目由易校长出,卷子由易校长看。

郭开贞考了第三名,没有人敢说闲话了。

分班的时候,郭开贞还是险些被分到了乙班。原来,易先生在制定分班条件时,除强调成绩优劣外,还要看年龄的大小,年龄大成绩差点,也可升入中学预备班,而成绩好年龄小的学生却只好屈居乙班了。

易先生说:"郭开贞这次考得很好,但年纪尚小,还是先上乙班吧!"

几个老师听易校长发话,也都随声附和,只有平时温文尔雅的刘书林刘先生站出来说：

"升不升班，还是应以成绩为评判标准。开贞年少，但他的才华和成绩，远在许多大龄生之上，如果论资排辈，将无助于学生的学习积极性。我的意见是让开贞入甲班。"

刘先生仗义执言，终于使开贞升入甲班，但比开贞年龄大一些、考了第七名的好友吴尚之，却还是被不公平地降到了乙班。

与好友分开，开贞十分痛苦，同时也替吴尚之不平。他暗下决心，绝不再做老老实实的"小绵羊"，一种反叛的心理悄然在心中升起。

进入甲班后，郭开贞结识了一个新朋友，他叫张伯安。

张伯安长得没有吴尚之体面，他的左眼看不见东西，脸上还有许多坑坑洼洼的疤痕，据说是因为出天花留下的。

常说"人不可貌相"，张伯安即是如此。他是个数学天才，当时，他已凭着自学，学完了代数。这使开贞佩服得不得了。

伯安比开贞大一两岁，是尚之蒙小时的同学。开贞和尚之是好朋友，尚之和伯安是旧日同学，开贞又和伯安成了朋友，三个人很快成了桃园三结义中的"刘关张"。慢慢地，找他们结义的人越来越多，最后发展到二三十人。

大家在一起，老生们再也不敢像以前那样随便欺负他们了。

开贞与伯安成了好友后，时常去伯安家玩。

伯安家在城里高北门外，在城里有一点势力。他的爸爸和伯父，都是江湖上掌码头的大爷，伸手一招呼，一两万人跟着呼应。跺跺脚，一方的地皮也会抖几抖。朋友家的势力，也有意无意地助长了开贞这个年龄的孩子的叛逆心理。

学校分班后，又招了些新生成立了丙班和师范班，因师资不足，于是又增加了几位先生。

一位先生是易先生的"嫡系部队"，姓杜，名少裳，学生们给他起了个"水晶猴子"的绰号。谁叫他长得太漂亮了呢？

另一位叫王祚堂，相貌与"水晶猴子"相差甚远，这人是陈先生的得意门生，同学们称他为"地藏王菩萨"。

两位一来校，就把上学期勤勤恳恳教书的刘先生和帅先生挤到了乙班，让他们成了"二等公民"。

郭开贞同情刘先生，而对帅先生，则觉得这是他上学期扣自己考分的报应。

开贞没有忘记的还有那个使劲掐他手腕的徐老童生。

开学好几天了，开贞还没有见到徐老童生的人呢！听同学们说，他的祖母还是母亲去世了，他正在家办丧事。

学生们的午饭都在学校饭堂里吃，座位按照平时站队的大小个顺序排列。一张长方饭桌，两边各坐四个人，一桌八人，中间放个饭盆。开贞个子矮小，排在队尾，坐最后一桌。这桌原本只有七个人，偏偏迟来校几天的徐老童生没了座位，就被安排到了开贞这一桌。

这真有点儿不是冤家不碰头了。徐老童生仗着自己个大臂长，吃起饭菜来从不让人，往往是一桌的同学还没怎么吃，他就已把满桌子菜一扫而光。大家又恨又气，却无可奈何！几个老是吃不好的同学聚在一起，商量着一定找个办法治他一下。

一天午饭前，开贞想出了个主意，他把几个同桌叫来约定：大家一开饭就把住饭勺，每人每次只盛一口饭，轮流盛下去，绝不让饭勺落入"大饭桶"手里。

开饭了。香喷喷的白米饭端上了桌，饭勺便走马灯似的在大家手里转开了，吃一口饭、夹一筷子菜，吃完了就等着添饭。眼看着满桌子的菜和饭盆里的饭一点点消失了，徐老童生只能站也不是、坐也不是地干着急，好不容易才盛到一碗饭，再看菜盘子，已是空空如也了。

开贞和几个同桌觉得，从来没有吃过这么开心痛快的饭。眼瞧着徐老童生饥肠辘辘的样子，同学们大摇大摆地走出了饭堂。

徐老童生是哑巴吃黄连——有苦说不出，就跑到易校长那里去告状。

易先生很生气地把七个孩子传到教职员饭堂里和老童

生对审。

消息传出来,学生们都围在窗外看热闹。

"你们为什么不给他吃饭?""易老虎"发威似的质问。

"谁不让他吃饭?饭盆摆在桌子中央。"一个同学说。

"他这么大了,难道还要我们给他盛,喂他吗?"开贞又补了一句。

窗外哄地笑了起来。

"是啊!你怎么自己不盛呀?""易老虎"转身问徐老童生。

"他们占着饭勺不给我。"徐老童生可怜巴巴地说。

"为什么不给他饭勺?""易老虎"又转过头问。

"总不能八个人八个饭勺吧,饭勺轮不到,他可以用碗舀用手抓嘛!"一个小同学说。

窗外又大笑起来。

"笑什么?还不都给我回教室里去!""易老虎"向窗外吼叫道。看热闹的学生呼啦一下散了,可没过一会儿,窗户上又贴满了脸。大家都想看看几个小同学怎样跟"易老虎"斗。

"易老虎"拉长着脸对开贞他们说:

"我知道是你们这帮小东西在耍小聪明作怪。不怕短命?"

"校长,不是我们跟他过不去呀,"一个丙班小同学说,"他嘴大肚子大,我们老是抢不赢他,今天他是没有抢过我们，才来告状的。"

"易老虎"没有话说了，看看徐老童生，又看看那个小同学，觉得自己今天在学生面前太没有尊严了，这个小毛孩子竟敢当着这么多人顶嘴，成何体统。如不教训小同学一下，往后还有谁服从他这个校长。于是，他伸手打了小同学一巴掌。

看到校长打人，窗里窗外的人都愣住了。

开贞第一个吼了起来："易先生，你打人是野蛮！"

所有的人都叫了起来："校长打人，野蛮！野蛮！"

那声浪，都快把房屋的屋顶揭了去。"易老虎"从来没有遇到过这种阵势，他半张着嘴，想说什么，挤了半晌，也没有发出声音，只好怏怏地躲回自己屋中。

下午，易校长提出要辞职，这下学堂真的闹翻了。老师和年龄大的学生，都跑去挽留。整个下午，学校都没有上课，一直到晚上睡觉，事态才渐渐平息下来。

开贞他们本来只是想教训一下徐老童生，没想到竟闹得满校风雨，自然更不会想到，居然把平时威风得不得了的"易老虎"的"屁股"也给摸了。而且，斗得校长要辞职不干。

看来老虎屁股也不是摸不得的，不过摸完之后的代价也是沉重的。

第二天，"易老虎"终于决定留下来，继续担任校长。他开校务会，决定给这次闹事的头子郭开贞，记大过一次。另外参与此事的六名同学，罚两个礼拜不许外出游玩。

反抗"易老虎"，使郭开贞一下子成了学校里的学生领袖。那些老童生们，也知道他的厉害了，轻易不敢惹是生非。连老师们也不太过问开贞学习以外的事了。

开贞觉得自己一下子长大了，有时甚至想征服世界上的一切。平时，他总是要摆出一副大人样子，避免时时流露出孩子气。他学会了喝酒，时不时地还装成大人的样子学抽水烟。当然，这些事有时还是要躲着干，尽量不让先生们发现和抓住。

五、大家选出的"罪魁"

这一学期是郭开贞比较得意的一个学期。放了年假，他没有像夏天放暑假时那样整天在外边疯玩。自己既然觉得已经长大了，就要干一些大人们干的事。

受到帅先生教学的启发，他把以前上家塾时沈先生看过的《皇清经解》等书找出来翻阅，又一本一本去找书里字句的出处。不知为什么，过去沈先生打着都不肯看一眼的书，他现在却读得津津有味！他伏在桌子上，翻来覆去地比较几本书的内容，仿佛看出了什么奥秘，如果再找到一两处古人的错处，那才真是痛快极了呢！

开贞最感兴趣的书,是司马迁的《史记》。

他从头到尾地读,细细地品,往日的小伙伴们,谁都很难把他从司马迁的世界里拉出来。

母亲担心地说:"八儿,别整天把自己关在房里啃书了,跟小伙伴们出去玩玩吧!"

开贞答应得可好了,可是回转头就又扎进了书海中。

父亲过去是怕开贞乱看不该看的书,现在儿子看正经书,又怕儿子看痴了。

《史记》中,开贞最喜欢读《项羽本纪》、《伯夷列传》、《屈原列传》、《廉颇蔺相如列传》、《信陵君列传》和《刺客列传》。他喜欢司马迁的文字,更喜欢这些古代伟人的人格、品质、气概和胸怀。读着这些文章,开贞有种跟古人对话的感觉,他佩服、同情他们。他甚至悄悄地想过,长大以后,也为他们立传,写出自己心中的他们。

一个年假,郭开贞从古书中学到了好多东西。

新的学期开始了,回到学堂,正好发上学期的成绩榜,开贞竟是第二名。

师生们大都觉得开贞是个不可思议的孩子,也没见他刻苦,成绩怎么会这么好。这个成绩使开贞自己也有些飘飘然了。

没想到在这春风得意的时候,他遇到了一次很大的打击。

由于上学期出了戏弄老童生和顶撞易校长的事,这学期学校重点抓了对学生的管理。原来家在城里,每天可以回家住宿的学生,现在不准回家,要同外地学生一道住校。每个星期六的半天假也取消了。还有学生家长建议,星期六晚上也不许回家。

新的规定一公布,就像一颗炸弹,在学校上下引起了轩然大波,特别是家住城中的同学,叫叫嚷嚷着强烈反对。

这次不单是过去公认的调皮学生不干,就连那些平时规规矩矩、对老师言听计从的老童生们,也动了起来。他们年龄大,许多人已有了家室,平时在学校里苦苦读书,只有到星期六才能回家与妻儿团聚,这要是不准回家,可该是有苦难言了。

对于学生们的呼声,易校长充耳不闻,仍然坚持施行新规定。他严肃地在全校大会上说:

"这样做,完全是为了同学们好!"

呼吁不行,学生们开始三三两两地商量罢课。各班举荐代表找校方交涉,甲班理所当然地推选了开贞。

开贞想:虽然这个新规定对他这个从沙湾来的学生没有太大的妨碍,但既然同学们都信任他,为了大家,他应该站出来。

开贞当然不知道,同学里有个别人想通过这次风潮给开贞点颜色看看。徐老童生这次显得特别积极,他一方面极力鼓动开贞带头闹事,一方面又把开贞组织罢课的事告诉了"水晶猴子"。

"水晶猴子"看到事态闹大了，又赶紧把刚得到的消息汇报给"易老虎"。学校紧急开会，秘商对策后，决定在大讲堂召集全校学生开会。事先，"易老虎"和杜先生想出了一个分解学生的计策。他们要用特殊方式惩罚带头的"罪魁"。

大讲堂里挤满了学生，易校长走上讲台，带着威胁的口吻说：

"学堂废除礼拜六放半天假的制度，是为大家的学业和健康着想。你们非要放假，可以商量，但鼓动罢课却是大逆不道的做法。"

讲堂里的学生们叽叽喳喳议论起来，许多胆小怕事的学生随声附和，而胆大的学生互相鼓劲，要坚决斗争到底。

易校长见学生们已开始松动，又大声说：

"我易某人知道，罢课并不是你们全体同学的意愿，只是一两个人在挑动，希望你们能指出来。不然，无论学校关门，还是你们被开除，都对不起自己的父兄呀！"

"易老虎"又吓又劝地说了半天，还是没有人站出来揭发。

"水晶猴子"见易校长已无能为力了，就走到台前，伸出瘦瘦的手捋捋头发，嘿嘿地笑着说：

"我看不如来个不记名投票，选选谁是这次闹事的头子。"接下去又威胁道:"谁要是交白票,发现一个开除一个。"

几个教员把事先准备好的白纸条分给大家,限定时间交上来。

票如数收了上来。"易老虎"站在讲台上,得意地监督着"水晶猴子"和另外几个老师唱票。郭开贞以一百多票的绝对多数当选。这可不是什么好事,这一次,谁当选,就意味着谁将受到校方的处置。

"易老虎"心中暗喜,事情果然按照他们预先设想的发展,如今收拾教训这个郭开贞已是易如反掌之事。

"易老虎"清清嗓子宣布:

"现查郭生开贞,平素捣蛋闹事,煽动学潮,今经全校学生检举,学校决定,予以斥退除名,限隔日离校。"

说完,"易老虎"带着"水晶猴子"一帮老师扬长而去。走到门口,"易老虎"又回过身来,大声说:

"星期六不休假制度,继续执行。"

郭开贞走出讲堂时,头有点儿发蒙,事情怎么会是这么个结局,本来星期六休假与他并无太大关系,他完全是为了别人,才当这个代表的,可最后怎么责任和罪过都成了他一人的了?而且,那些刚才还跟着他与"易老虎"斗的同学,又怎么会一眨眼工夫,成了出卖友人的人呢?他想不通,真是想不通。"易老虎"和"水晶猴子"们到底施了什么魔法,让这么多人成了开除他的帮手?

一个人在最困难的时候，也是最能认识真朋友的时候。吴尚之和张伯安真心为郭开贞的现状抱不平，他们不知道用什么语言才能安慰落难好友。骂了半天"易老虎"之流，却改变不了学校开除郭开贞的决定。看见郭开贞落泪，他们俩也陪着落泪，更顾不上什么"男儿有泪不轻弹了"。

学校不能再住了。两个好友帮着开贞把行李搬出来，在城里找了一家客栈住下。

这是凄凄冷冷的一夜，失望和悲愤一直在开贞心里流淌。下一步该怎么办呢？他心里有许多话，可对吴尚之和张伯安只能讲几句：

"我是坚决不回家去的，我想去成都！"

"好！我们会帮助你去准备路上用的钱。"吴尚之和张伯安黯然地陪开贞枯坐着，看看已快夜半了，才告辞出来，分头去为开贞准备行装和经费。

送走好友，开贞心里又苦又甜，人生多舛运，但能有一两个知己朋友也实属难得了。他仰卧在客栈中硬硬的板铺上，一片月光透窗而入，正好洒在他的脸上和身上。

明天将会是什么样子，远在沙湾的父母要是知道儿子被学校除名，会怎样着急？儿子过去是调皮，可这次儿子没有错，儿子做得是对的。可好心为什么没有好报呢？

六、凯旋的"大将军"

开贞根本没有想到,他被学校除名斥退的第二天下午,父亲就急匆匆地进城来了。

父亲推开客栈房间的门,紧紧地皱着眉头,面色忧郁,他失望而愠怒地看着儿子。半晌,他才走上前来,用手拿起开贞头上的辫子,狠狠地抽了几下,骂了一句:"文豹,你这个不成器的东西!"

骂完,父亲就沉默地躺倒在床上闭着眼睛,不再说一句话。

父亲骂他、抽他时,开贞一动不动。他看见父亲躺在那里,紧闭的眼角有几滴闪亮的泪珠。他想叫起父亲,跪在父亲的面前说:"不肖的儿子错了,今后一定改!"可是开贞不能,他没有跪,因为他不知道自己错在哪里。

他就那么默默地站着,看着父亲的睡态。那年春节,父亲冲大哥叫嚷的样子,开贞还清清楚楚地记得,他也希望父亲此刻跳起来,对他吼,对他叫,这样他的心里也许会好过些,舒服些。可平时火气很大的父亲,这次却偏偏压抑着自己没有发火,这使开贞不理解。

郭开贞当然不会知道,学校斥退他的当天,就派人去沙湾给郭朝沛送了信,信是杜先生亲笔写的。斥退,对一个学生来说，就像把秀才革成白丁一样严重啊！

郭朝沛不敢相信，自己寄予厚望的儿子，会落到被学校除名的地步。一路上，郭朝沛想不出进城后该怎样对待被罚的儿子，也许要狠狠地骂他或揍他一顿，然后领他回沙湾。有段时间没看到儿子了，现在一见到儿子，他的心就软了下来。他怎么能在儿子受伤害的心灵上再撒一把盐呢？可他一时又想不出拿什么话来安慰儿子。郭朝沛不相信开贞还没有正式开始的人生路，会这么轻而易举、糊里糊涂地被断送。

下午，杜先生前来拜访郭开贞的父亲。

看到走进客房的"水晶猴子"，开贞赌气地把头扭到一边，杜先生仿佛没有看见开贞的举动，笑着走上前，跟郭朝沛打招呼。

杜先生是开贞母亲的族侄，他和开贞的大哥还是朋友，他对朝沛说：

"世伯，这次开贞被斥退，不是我不想帮他，实在是八弟太不争气了，怎么可以和易校长作对？"

"水晶猴子"看了眼开贞，又接着说道：

"古人讲'不遇盘根错节，不足以成大器'，让开贞小弟受点挫折，是希望他能浪子回头，玉成他呀！"

父亲听完"水晶猴子"一番话，心里好像平静了一些。杜先生总算个不远不近的亲戚，又和大儿子有缘分，或许他能帮忙，使学校方面收回斥退之命。

晚上,县上一位叫王畏岩的视学,来拜访开贞的父亲。他是五哥的岳丈,也是亲戚。开贞听他和父亲谈话,也说开贞聪慧过人,但需经摔打。

父亲听得一个劲儿地点头。

临走,王视学答应去学校说说情,并嘱咐郭朝沛,也应先带着八儿去学校求求情,道道歉。

第二天,父亲果真领了开贞去学堂拜会易、陈二位先生,看着父亲在前面一句句地赔着不是,开贞心里很不是滋味。他知道,父亲向来是很要面子,也是很有面子的,像这样低声下气地道歉,若不是为了他,父亲无论如何也不会这样做的。

易先生对父亲也算客气,没有再三强调开贞不对,只是说,关于复学之事,关系重大,不是一人能定下来的,须经大家研究才可最后裁定。他让父亲耐心等待几日。

父亲的心算是放下来了,虽然还没有十分把握,但七分是可以达到的。知子莫若父,开贞聪敏过人,但也像是一匹未驯的马,一块未琢的玉,需经摔打和雕琢才能成为栋梁之材。

郭朝沛计划着挫挫儿子的锐气,他准备趁这次斥退之机,带开贞去各地的亲戚故旧处走走,郭朝沛最先想到的就是流花溪。

开贞的大伯父在流花溪的后山上开了个盐厂,因此,流花溪的亲戚故旧最多。

到了流花溪，父亲把开贞领到文昌宫的公立小学。小学校长叫李肇芳，当年在郭家教私塾的沈先生，现在也在这所学校教书。学校里的教员都非常开明，因此规章制度也比县城官立的高等小学合理。

在开贞父子到来之前，郭开贞被县高小斥退的事，就已长了腿似的传遍了流花溪。父亲原本想在熟人亲戚里让开贞示示众，没料到一进流花溪小学校，却是另外一番景象。

学生们围着开贞问这问那，开贞走到哪里，大家簇拥到哪里，仿佛一个凯旋的将军来到他们中间。开贞一路参观，一路把怎么与"易老虎"斗的事情，讲故事般叙述给大家，大家听得津津有味，眼中闪烁着无比的敬慕。

中午吃饭，开贞是和先生们在一起吃的。他又应大人们的要求把被斥退之事的起因和结果讲了一遍。

下午，先生们和父亲在一起商定，联合给易先生写了一封措辞严厉的信，在信的结尾写道，少年的光阴宝贵，绝不能任其虚抛，既然贵校已有收回斥退郭开贞处罚的意思，望尽快施行。如果再拖下去，我们文昌宫学校，便准备把开贞当作特别研究生收下。

写完，李肇芳校长带着大家署了名。父亲到这时候又有些犹豫了，他担心真这样寄送了去，会不会反倒把事情弄砸了。几个老师安慰他说："不会的，李校长是郭敬武的弟子，而郭敬武和廖季平都是有名望的汉学家，在嘉定府说话是有分量的。"

父亲这才同意学校派人送去。

开贞在流花溪"风光"了一下以后,父亲又想带他到五通桥杜家场转转,那里是开贞母亲家亲戚聚集的地方,然后他们再一起回沙湾。

李校长对父亲说:"我看先不要去了,在这里等等那边的消息吧!再说,年轻人的上进心和竞争心是不应该打击的,不要使八儿太受辱了,骄不可怕,自暴自弃才可怕。"

父亲觉得也有道理,便不再坚持带着开贞"游街示众"了。

李校长和父亲的对话,开贞有意无意地听到几句,他从内心里觉得,李校长是个懂得孩子心理的好先生。李校长宁愿教那些个调皮捣蛋却聪明有竞争心的孩子,也不愿教那种小绵羊式缩手缩脚的孩子。他后来成了郭开贞中学时代的老师,不过那是后话了。

联名信和各方面的压力,最终迫使易先生改变了主意,他回信李校长,先是强调了先前的决定没有错误,后又讲到对开贞实行宽大处理,叫他立即返校。

郭朝沛见到信,阴愁了许多天的脸,终于放了晴。流花溪的亲戚故旧、先生和学生,听到这个消息都为开贞高兴。

"回校要好好学习。"李校长、沈先生还有别的人都这么嘱咐开贞。

郭朝沛领着儿子一一向先生们道谢和道别。

回到乐山县立高等小学，走进校园，郭开贞心中有一种激情在涌动。虽然离开才两个星期，但这十几天他经历了和学到了不少的东西。开贞看见前些天挂着斥退牌的地方，现在换上了另一块示牌，上面写着：

"悔过自新，准其复学。"

开贞真想冲着天和地大喊一声："我回来了！"

第三章
中学的日子

一、"三半先生""五行教员"

1907年秋季,十五岁的郭开贞升入了中学。

中学的前身,是嘉定府的官立中学堂,现在的名字叫嘉定联立中学。这所中学由嘉定府所管辖的乐山、犍为、威远、荣县、峨眉、洪雅、夹江七县联合开办。

学校校址在高标山东麓,校舍是由科举时代的考棚改建的。礼堂是过去考院的中堂,左右两边的考棚被改建成中学的讲堂和自修室。自修室的右边是学生宿舍,长长的一排顺山排列。

中学位于嘉定城正中,正门对着最热闹的玉堂街,左侧门与县街相对,右侧门与府街相通。学校占地较大,又有高墙,所以虽地处闹市,却有闹中取静的优势。郭开贞升入中学,是想有一个好的开端的。回头看看在乐山高等小学的一年半生活,他感觉似乎是在老虎口中度过的。那种畸形的教育和管理方式是很容易把儿童的天真性格扭曲的。在小学的最后一个学期，他考了第三名，这多少也说明他的不甘失败，不甘屈服。

如今，他总算离开那樊笼一样的小学。他希望在中学里，像个快活的小鸟，自由自在地在知识和生活的天空中飞翔。

但是，这种欲求上进、欲沐新风的热情，很快就被活生生的现实冲淡了。小学时那种对教学的失望，又悄悄地爬上了心头。

联立中学的校长是乐山本地人，曾经在湖南做过几任县官，当官有经验，当校长办教育却是个地地道道的外行。

由于是七县合办的中学，老师自然也要各县摊派了。什么将带什么兵，外行校长带了一帮闹笑话的教员。

学监张胡子，是夹江来的人，开学仪式上，他一开口就闹了笑话："学子们，学问之道，得于师者半，得于友者半，得于己者半……"

这三个"半"字一出口，下面哄堂大笑。张胡子瞪大双眼，不服气地分辩道："你们笑什么？一个橘子不是有十好几半（瓣）吗？"

一语刚落，下面又爆发出一阵笑声。于是，他有了"三半先生"的绰号。

另有一位林先生，教地理课，在课堂上连东南西北都弄不清，一会儿说日本在中国的南边，一会儿又说朝鲜在日本的东边。有一天，林先生上课竟然拿着本卦书，教学生用五行八卦来辨方位。

还有一位湖北口音的教员，教英文课，不管学生听不听得懂，一上来就满口洋文。写在黑板上的英文像蟹形字，大家上他的课只能大眼儿瞪小眼儿。

如此水平的教员不是一两个。全校四五百学生，每天就这么糊里糊涂地学，哪里还谈得上什么兴趣。

对学校和课程的不满，使郭开贞心里非常烦躁。他听说出国留学是青年人最好的出路，时常能听到某某去了欧洲，谁谁又去了美国，可他只能在睡梦中憧憬，第二天睁开双眼，又要面对枯燥无味甚至可笑的学业。

有时，开贞会想念大哥和五哥，他们现在都在东洋留学，他渴望他们会突然回来，带他远走高飞，可这都是没影儿的梦。他又想：去不成东洋，就去北京、上海。想到后来他又降低了标准：到成都省城也好呀！总比窝在这个可怜的地方当井底之蛙好。想到"三半先生""五行教员"，开贞的头都要炸了。

他要飞，要奋飞，要去闯天下，走一条属于自己的路。

无奈，父亲母亲都不能理解。他们怎么会知道他们的"八儿"——文豹在这里是怎样度日如年啊！

开贞也试图对母亲透露过想去北京、上海或至少是省城的念头，母亲一听，眼圈就红了，说道：

"八儿,你两个哥哥远去,我的心都要碎了,你千万不能再远行!"

接下去母亲就低头抹眼泪了。

到这地步,开贞还能再说什么呢?他爱母亲,想当个孝顺的儿子。可是,学校啊!真让人无法忍受。他曾经几次暗暗地策划着从学校里逃走,但是逃到哪去呢?又漫无目标。再说,如果他真的不辞而别,母亲该会怎样伤心和痛苦。

欲飞不能就沉吧。慢慢地,那种如火的激情变成了自暴自弃的行动。开贞开始跟学校里一群纨绔子弟混在了一起。

嘉定联立中学的教学水平和质量不尽如人意,学习时间也安排得松松垮垮。这与乐山高等小学形成了鲜明的反差,又走到了另一个极端。

每个星期,除了礼拜日放假一天,周三和周六还要各放假半天。中学里的学生,大都来自外县,放假大家不能回家,便如满世界放了羊。

学生们先是在学校内闹事,继而又像一大群失去头马的野马,蜂拥进嘉定城的各个角落,凡是热闹点儿的场所,总会有联立中学的学生闹事。

二、大闹秦晋公所

又是一个礼拜日。一大早,住校的学生们就三三两两地涌出校门,开始了一天的游晃。

郭开贞因为换洗的衣服都送到外面去洗了,身上只剩下一件穿得发白的竹布长衫。这件长衫是在家时母亲找人做的,不知是不是那个裁缝师傅色盲,好好一件衣裳却偏偏用红色布条做纽襻。若是平时有衣服穿,开贞是不肯穿这件的,只因为所有换洗的衣服都穿脏了,不得不送出去洗了,他这才勉强穿上这件长衫。如今穿着它,不好去上街,开贞这才破天荒地在礼拜日上午留在了学校宿舍里。

他看看书,觉得没意思;唱唱歌,又觉得很无聊。一上午他在宿舍中转来转去,心神不定。

到了吃中午饭的时间,有些外出的同学陆续回来了。

一位从戏场回来的同学,在宿舍门口碰见向校外张望的郭开贞,兴奋地说:

"郭开贞,你真待得住啊,怎么不去秦晋公所的戏园?"

"唉!你看我这身装束,怎么好出去,别人看了成什么体统!"

"管他呢,人家一双眼睛看戏还不够用,有谁看你呀!

告诉你,清和班的那个王花脸,下午要唱《霸王别姬》呢,你不去,可别后悔!"

王花脸是嘉定戏剧界数一数二的名角,而《霸王别姬》又是他的拿手好戏,错过这个机会,太可惜了。开贞下决心不管什么体统不体统了。

下午,开贞穿着红纽襻的葱白竹布长衫,梳着松三把长搭辫,抓起床头一把大大的黑纸折扇,就跟着上午那位夹江同学,兴冲冲地来到秦晋公所。

由于来得晚了,戏台前二十多排的高脚长凳,已坐了许多人。开贞向最前面的几排看去,第二排的高脚凳上还空了一个位子,就招呼夹江的同学往戏台前挤,也未能顾及旁人。台上锣鼓家伙叮叮哐哐敲着。

"你们这两个学生好没有规矩,怎么也不打个招呼,就从人家腿上迈来迈去?"坐在凳子一头的人很不高兴。

另一个人也不客气地推了开贞一把。

"你还想坐在我的腿上?"

开贞也不说话,真的一屁股坐在了那人的大腿上。那人"哎哟"一声,骂了起来。

"是你叫我坐,我才坐的呀!"开贞不示弱地回敬了一句,他已经看到周围站起来的,有许多联立中学的学生。

尽管戏台上仍紧锣密鼓地演着戏,但看戏人的目光和兴趣都已经转到了台下。

"哪来的学儿子,这是你来闹的地方?"被坐的人上来推搡。

"该谁来闹？你们？"开贞一挣，长衫被对方抓住扯破了。他一时怒起，扬手一挥，啪——一记巴掌打在了对方脸上。

"打哟！打哟！"戏场里的呼喊声淹没了台上的演出。有人助威，有人起哄，有人连推带搡地往外跑。联立中学的学生们都围过来，喊着：

"清查，清查！是哪一个胆子这么大，敢在太岁头上动土？"

刚才还跟学生对立的那几个人，见势不好，都找了机会，一个个地溜出了秦晋公所。

开贞在戏场里打架的时候，好友张伯安也在现场，他老远见到好友遇事，便很快地挤了过来。他见开贞的长衫被扯破了，关心地问：

"他们伤着你没有？"

开贞摇摇头。张伯安又说：

"咱们查一查，这几个家伙是哪的？"

"开贞打的是铁牛门掌码头的刘大爷！"一个学生在边上喊道。

"对，我也可以证明！"又一个学生说。

张伯安点了点头，告诉郭开贞："这下可好办了。刘大爷是我爹一手栽培起来的，今天他欺侮到咱们头上，算他倒霉。走！找我爹去，管叫他好看。"

张伯安领着开贞气鼓鼓地找到他父亲那里，一五一十地把事情的经过讲了一遍，伯安的父亲点点头，让他们先回学校。

第二天，刘大爷果然带了那天和学生作对的几个手下人来到了学校，找到郭开贞，低着头赔礼道歉，还非要把头天争执时扯破了的长衫拿回去补好，再送还。

张伯安很厉害地敲打刘大爷："你真是有眼不识泰山，郭开贞君是铜河'鸣兴达'号的公子，你们敢欺侮他，也不怕脑壳搬家！"

刘大爷和手下人听了，一个劲地点头，口中"是、是！"地应着。

大闹秦晋公所，本来学生并非全占在理上，但这次胜利却使学生们扬眉吐气，日后更加得意忘形。到后来，嘉定城内休假日戏也唱得少了。再后来，戏班子们干脆停演了，或者到外县去打场，谁也不想在这里招惹是非。

三、"八大行星"和"转转会"

郭开贞在嘉定联立中学又成了出名的人物。

校内有八个天不怕地不怕的学生，被大家称作"八大行星"，郭开贞便是其中的"海王星"。他们聚在一起时，总要惹出些事来。因为他们无法无天，还和校外的一些富家子弟打得火热。

这些中上等人家子弟，成立了一个"转转会"，这个组织的成员整天游手好闲，打牌吃酒，仗着家里有钱，定着日子轮流请吃酒宴。

郭开贞加入"转转会"后，疏淡了学业，每日往校外跑。他跟着这帮游荡子弟整日打牌、喝酒，有时玩到深夜一两点，甚至夜不归校。

他还结识了一个姓汪的少年，整天跟着这位面貌清丽的少年东游西逛，对以前的朋友则日渐疏远。

开贞的表现，让他过去学校中的好友暗暗担心。

张伯安和吴尚之等人私下里商量，绝不能让这位往日的好友，一天天滑入深渊。

逢到节假日，伯安和尚之总是不等开贞新结交的一帮浪荡朋友来找他，就先下手为强地把他拉到外边去游玩。

但是开贞每次都表现出不大情愿，只是碍着好友的面子，才怏怏地随他们去。

时间长了，伯安和尚之也有些灰心。一个人自甘堕落，别人又有什么办法呢？他们甚至想联名给开贞的家里写封信，让开贞的父亲来拯救他们的这个好友。

开贞和汪少年好到了每天不能不见面的地步。两个人都渐渐疏远了以前的朋友，他们喜欢单独出去玩，在黄昏和天黑后，避开繁华的闹市，去城外或城墙边散步。

两个人在荒芜的草丛中缓缓地穿行，说着些伤感的事。

开贞问汪少年为什么不读书。汪少年说,父亲死得早,家中没钱便失了学。

汪少年的家在玉堂街,母亲开着一家绸缎铺。家里没有男人,就少了顶梁柱,汪少年跟着母亲生活,多少带有一些阴柔的性格,难怪"转转会"的人都把他当成女孩子看。

开贞有时想:汪少年要是能跟自己同班读书该有多好,那他们就可以天天见面,时时在一起。

那天,汪少年对开贞说:"郭兄,你是个才子,以后得志发达时,会不会忘记我?"

"不会的!我如果有一天成了事业,一定要让你也成功!"开贞好像觉得自己已经是个有力量有本事的男子汉了,他不会忘了这个朋友。

汪少年虽然有柔和的一面,但更多的还是有着浪荡的一面。有一次"八大行星"中的"天王星"忠告开贞:"你跟汪少年好可要小心,弄不好会受他的暗算!"

开贞不屑一顾地笑笑。他不信汪少年会暗算他,再说,他们情同手足,真有什么事,他准会拔刀相助的!

开贞到底还是尝到了点教训。

一次,开贞和几个"转转会"的人在一起喝酒,汪少年也在,大家都喝得很多,喝罢酒又围在一桌打牌。晕头转向的开贞,把身上带的钱输了个精光,要知道这是父亲给他的生活费。开贞不服气，还想接着玩，捞回来。可人家都要打现钱，开贞仗着酒劲吵了起来，两人还动了手，厮打中互相抓破了脸。

开贞一气之下冲出房子，来到街上。夜深人静，路上没有一个行人，凉风一吹，酒醒了不少。他借着昏黄的街灯四下看看，没有一个人跑出来劝他，连最好的朋友汪少年也没有出来。他在无人的街上转悠了半天，一种孤独感第一次涌上心头。这时，他有点想回学校，但深更半夜，学堂的大门肯定已经关闭了。

开贞漫无目的地走进一家客栈，要了一个最便宜的房间。当他躺在铺着一张黑乎乎的草席的木板床上，呆呆地盯着桌上一跳一跳的菜油灯火苗时，心里茫然极了。自己究竟在这几个月里干了什么？为什么这么吃喝玩乐，心中还总是空落落的？汪少年平时说得那么好，为什么才遇到这么点儿事就躲得远远的了？明天怎么出这家客栈呢？现在周身上下输得连一文钱也拿不出来。

开贞觉得口渴，他舔舔嘴唇，躺在床上忍着，不知不觉中睡着了。

不知过了多久，开贞觉得嘴里有股甜甜的凉意，他迷迷糊糊中咽了口口水，一道清凉的汁液滚进喉咙。

开贞睁开眼，菜油灯早已熄了，但窗外的月亮很大，借着泻进屋的月光，他看到汪少年坐在他的床边，手里拿着一截剥了皮的红甘蔗。

"你为什么不跟着我出来?"开贞生气地问道。

"当着那么多人的面,我怎么好立刻就走。我是后来假装肚子痛要上茅房,才溜出来的。他们也和你一样,都醉得一塌糊涂。"

"你怎么知道我会在这里?"

"这么晚,你回不去学堂的。我想你只能住客店了。我是一家一家地打听到这里来的。"

听到汪少年这样说,开贞的气消了一大半。

第二天清早,汪少年替开贞付了房费,开贞才回了学校,虽然酒已醒了,但头还是隐隐作痛。

张伯安和吴尚之见到他疲惫的样子,问道:"你昨天夜里跑到哪里去了,脸怎么也弄破了?"

开贞摇摇头什么也没说,就走进学堂听课去了。

第一学期,开贞是在放荡中度过的,虽说学习成绩在全校学生中还处于上游,但修身的分数只得了 25 分,而且前面还打了一个重重的负号。

四、一首打油诗

郭沫若的书法是世所公认的,他写的一手好毛笔字,得益于小时候练的"童子功"。读家塾时,他临过《灵飞经》,后来看到大哥练苏字,于是他也跟着练。苏字豪放浪漫潇洒的风格和气韵，每每让他练起来不愿放下笔。大哥留下的那几本苏字帖，他不知临了多少遍。

正是因为他会写字作诗，上嘉定联立中学后，他结交了一个会书法的朋友——周小舫。

周小舫年龄比开贞大几个月，也有书法"童子功"。他临过《元鲜于枢行草诗赞帖》，开贞看到过，临得极像，几乎到了乱真的程度。

开贞和周小舫到一块儿就有很多话说，当然基本都是谈书论道的。他们你一言我一语谈论的时候，同学们就围在一起津津有味地听。

少年郎都有一种爱表现的心理，字写得好了，总想找机会刷上两笔。

那天天气很热，中午小憩，开贞去上厕所，回来时皱着眉头嚷嚷：

"有些人也太不讲文明道德了，茅厕脏得脚都插不下去。"

"真该写点东西讽刺讽刺这种现象。"周小舫接过开贞的话。

"好！那我就写一首打油诗来敲敲这些没有公德的人。"说干就干，郭开贞找来纸笔写了起来，只一会儿工夫就写成了。

"我来念给你们听听！"开贞一本正经地站在宿舍中间，举起纸，像在私塾背书读经时那样，摇晃着脑袋吟了

一首半文半白的打油诗。这首打油诗让郭开贞拖腔带调地念出来别有一番味道,逗得全宿舍的同学都笑了起来。大家又鼓动周小舫用大纸抄录下来。

铺纸研磨挥毫,只片刻工夫一张条幅就摆在了众人面前。

周小舫得意地欣赏了一会儿自己的行书杰作,又大笔一挥署上"开贞做句,小舫挥笔"八个字。

条幅贴到了厕所门口的墙上,很快便长了腿似的传遍了学校。看到这张"告示",过去不讲卫生的学生也都不好意思了。往日插不下脚的厕所也改变了模样。

先生们在一起也说,开贞这个学生,别看平时调皮不服管,可对不良现象敢说敢管,是个可塑之材。

周小舫的书法,在学校里是数一数二的,再加上这次书写条幅,可算是大出了风头。人一得意,便有些飘飘然了。周小舫平时说话办事,都有些不屑一顾,仿佛自己已经成了了不起的大书法家似的。

许多同学跟开贞讲,劝他说说周小舫。

开贞也有这种感觉,但对这个诗书朋友,用什么方式劝导他更适合呢?这也使他颇费了些脑筋。要知道,直截了当地提意见批评他,周小舫是未必肯接受的。

一天晚上自修课时,周小舫完成了作业,见时间还早,就展纸运墨书了一幅字。他自己觉得挺满意,就拎着给郭开贞看:"开贞,你看我这幅字怎么样?不错吧!"边说，还边扫视着教室里其他的同学。

开贞接过来一看，周小舫书的是李清照的词《醉花阴·薄雾浓云愁永昼》。说心里话，周小舫的字写得真是不错，洋洋洒洒、疏密有致，但内行的人看，仍可指出几处败笔。开贞忽然生出一个念头：何不写首打油诗，敲打敲打这位骄狂的学友？于是，开贞说：

"你写得这么好，我也赋诗一首，聊表祝贺吧！"

周小舫听了，真有些受宠若惊！要知道，郭开贞是轻易不肯赞许人的，能得到他的祝贺可是不易啊！"郭君，你快些赋诗吧！"

开贞拿过一张纸，笔走龙蛇，写下了四句诗：

颜柳欧苏周，
海洋湖河沟。
虎豹狮象狗，
蛟龙鲸鳖鳅。

开贞写罢也没说话，一抬手递给了周小舫。旁边几个同学看到纸片上的打油诗，乐了。周小舫接过来看了一遍，没弄明白是什么意思，又读了一遍，还是没明白，只好用手抓挠着头对郭开贞说："这，这是什么呀？我怎么越看越糊涂啊！"

开贞又把纸拿了回来，抖着说："你小舫是当局者迷，我来告诉你吧!"

小舫站在那里洗耳恭听。

"你的书法在学校里可以算是一流的,但是如果跟颜、柳、欧、苏这几位中国历代大书法家比,只能排在他们之后,而且还差得很远。与海、洋、湖、河比,你也只能算得上个沟。又比动物,你也只是一只狗般大。再比蛟龙鲸鳖,你才是个小泥鳅。"

同学们听到此,哄然大笑起来。

周小舫的脸"唰"地红到了脖根。没想到一幅字,会引出郭开贞这么一首诗。他想反驳一下,却又找不到话。

"小舫,别介意,我没有恶意。说实在话,你的字我还是挺佩服的,你想啊,能排在颜、柳、欧、苏之后的第五位,也不简单啦!再接再厉,必成大器!"

开贞一席话,是发自内心的。自此,周小舫不再吹嘘和犯傲,果然,书法技艺日日长进。

五、半碟剩辣子,气坏丁监学

回过头来,我们再接着说郭开贞在联立中学第二学期的事。

这个学期开始后,学校的教职员来了个"大换血"。上学期的全班人马一个没剩,连校长都易了人。

新来的校长姓秦，曾在省城的师范学校做过监学。他选调的一班新人马，比之第一学期的稍有起色，但也还是不能令学生们满意。

那个成都高等学校预科毕业的数学教员，说起英语来，真让人笑掉大牙，"English"（英语）读成"因革赖徐"，"school"（学校）读"时西火儿"。真不知他是怎么学的。

还有植物教员拿着别人给抄的讲义授课，滔滔不绝中看走了眼，把"天然景象"硬是念成"天龙景象"，有学生提出，他还不承认错了，说《易》书中有"飞龙在天""见龙在田"之说。让人哭笑不得。

更可笑的是，一位教国文的罗监学，竟把韩愈一篇文章里"为我吊望诸君之墓，而观于其市，复有昔时屠狗者乎？"的话，翻译成："你去把那些诸君的坟墓吊望一下吧，看看市面上还有没有从前的卖狗肉的人。"

这个峨眉秀才，留洋学生，连"诸君"指的是乐毅都不知道。

班上听课的同学都笑了起来。罗监学气得拍案怒斥。

老师闹笑话，在联立中学已不足为奇，同学们倒把这当成了枯燥无味的学业的调味品。这类老师虽然平庸，但对学生们都还算客气。唯独一个从日本留学回来的丁先生，令学生们不能容忍。

丁先生叫丁平子。他五短身材，三角形面孔，两颗兔牙似的门牙，说起话来声音尖利，像锥子般扎人。他自称雄辩家，无论谁与他对话，他总要占上风，仿佛这才是乐趣。听说丁先生当年曾留学日本，回国后被大家拥为四川留日同乡会总干事，也算是一方佼佼者。如此之人来到嘉定联立中学，当然不是个等闲之辈，据说连校长他也不太放在眼中。

丁平子主张对学生严加管教，提倡专横。所以平时待学生，他是十分强硬的。

开学没几天，就出了这么一件事。

一位夹江来的小同学在午饭时因自己饭桌上的椒油辣子吃完了，就跑到一张无人的监学桌子上端了一碟回来。这偏偏叫一位姓詹的监学看见了，虽然他已经吃完了饭，但仍对夹江小同学的举动大怒。

"谁叫你随便拿先生桌上的东西？你姓什么？"

小同学说自己姓宿，因为看到先生桌上已没有人，才拿了那半碟剩辣子，没有侮慢师长的意思。

詹监学白了一眼宿同学，"哼"了一声拂袖而去。

下午，学校突然宣布：姓宿的学生因侮慢师长被斥退了。

这举动一下子激起了全校学生的公愤。斥退牌刚挂起一个小时，学生就罢了课。大家推举一位姓易的学生和一位姓周的学生当代表，去与监学们交涉，反对斥退。

交涉地点在监学室。

两位代表进入监学室后,同学们都围在窗外。

监学室里一共三位监学:丁平子、詹监学和另外一位。

一开始,丁监学总是强调外面围观的学生不要捣乱,他不时地走到窗口,朝着窗外的学生们叫嚷几句,让大家离开,各回各班。无奈没有人理他,这让他威风扫地。

周代表说:"丁先生,您不要转移目标,现在还是谈谈宿君被斥退之事吧!"

丁平子不讲理地叫道:"难道我有眼睛却视而不见,有耳朵能塞而不听,有口舌而闭而不说吗?"那尖尖的声音几乎冲破房顶。

易代表是一位年龄与先生们相仿的学生,见丁平子如此无理,也有些生气,一板一眼加重口气说:

"丁先生,你的肝火也太旺了!"

啪!窗外的学生听见室内重重的拍案声,接着是丁平子的大嗓门,几乎都要撕裂了。

"什么?什么叫肝火旺?你们这是胡闹!敢侮慢老师,目无尊长!斥退!斥退!"

同学们推举的两位代表被三位监学推推搡搡地顶到了门外。

一会儿工夫,监学室的窗子上挂出了一块牌子,周、易二人以煽动罢课、侮慢师长的罪名,也被斥退了!

这次学潮开贞虽然没有当代表,但两位代表被斥退后，他便鼓动大家坚持下去跟监学们斗争。罢课持续了两天，终因学生们内部的分裂而被校方瓦解了。但是开贞和许多有正义感的同学，心里都不服气，同学们把愤怒的种子埋在了心里，等待着爆发的一天。

秦校长手下的一群教师，不仅不能令学生们信服，而且他们的骄横，连城里的老辈文人学士们都看不惯。

一次，丁平子和另外五位老师去游高标山的万景楼。不知是谁事先出了个主意，写一副对联，刻在木板上，挂在楼前柱上。那天，他们六个人扛了木联上万景楼去挂。

围了好多人，六位秀才旁若无人地在楼前大声诵读："六秀才同游一日，万景楼从此千秋。"

那得意忘形的劲儿，激怒了正好在此游览的王畏岩老先生。老先生走到楼前，略为端详了片刻，请人找来纸笔改了八个字，又唤人贴于联上，于是对联变成了："六秀才只通六窍，万景楼遗臭万年。"

六个秀才见了先是目瞪口呆，不知书改此联为何人，后见改联上有落款"王畏岩"。

丁平子一帮人受了嘲弄，怎么能甘心，就想方设法报复王畏岩先生，可惜他们的举止言行早已不得人心，所以笔墨官司打了好长时间，仍扳不动王畏岩先生，最后只好灰溜溜地偃旗息鼓了事。

经过这件事丁平子们骄横的气焰也收敛了一些。

开贞他们也觉得有人为学生们出了一口气。

六、令人着迷的《迦茵小传》

学校的混乱和老师的昏庸无知使开贞还是提不起学习兴趣，虽然他没像第一学期那样，跑到外面去打牌喝酒，可是空虚的心老想着远走高飞。

中学里的教师，也并非全都不学无术，有些也很令开贞难忘。

有一位教经学的先生黄经华，是乐山人，是有名的汉学家廖季平先生的得意门生。对于郭开贞，黄先生一直非常喜欢，而且有机会就借一些书给开贞看。开贞的国文基础不错，每次上经学课，他总是听得津津有味，黄先生的《春秋》讲得深入浅出，在黄先生的口中，孔子简直是神圣的象征。

郭沫若后来在回忆中学时代时，曾感慨地说过，当时中学里使他感兴趣的只有经学，黄经华先生讲的《春秋》是维系他兴趣的唯一一门功课。

黄先生发现了开贞对文学的兴趣，便在课后对他说：

"除了课本上的文章，可以找些小说来读嘛！林琴南先生的译作是不错的！"

郭开贞还在小学时，就读过《西厢记》《花月痕》《西湖佳话》等古典文学作品，他也看过《红楼梦》，特别喜欢看关于林黛玉的描写。

那天,黄先生拿了几篇文章找到开贞说:"这几篇你可以看看,能开阔眼界!"

开贞接过一看,原来是章太炎撰稿的《国粹学报》和梁启超主编的《清议报》。

章太炎的文章,开贞读了几遍仍看不懂,他本来是很崇拜这位革命家的,这下子有了点想法:革命家的文章为什么这样难懂,而且也读不出革命性啊!其实这时,郭开贞并不清楚什么是革命。

倒是梁任公主编的《清议报》,看起来浅显些,字里行间有种清新之气。开贞知道,这位大人物当时已是有名的保皇党人,心里有点瞧不起他,但读起他的文章却不愿放手。他有时自己也觉得挺奇怪。

开贞尤其喜欢看梁启超写的《意大利建国三杰传》,以及他译的《经国美谈》,那些英雄志士的壮举令人心醉,写作的笔调却轻灵流畅。夜晚做梦,他见到过心中的偶像拿破仑、俾斯麦以及加富尔、加里波第等,他们坐在一起高谈阔论。这些梦境,往往使郭开贞兴奋不已。

看政治人物的书和文章总不如读文学作品,开贞读到的第一部林琴南翻译的小说是《迦茵小传》,这部作品有两个译本,开贞都读过,他喜欢林老先生的表述方式,半文半白,闭上眼睛会觉得小说中的外国人也穿着中国古代人的衣服。当时林译小说在中国非常风行,许多后来的五四骁将及文坛先辈，都是从林译小说中了解到许多中国以外的事情。

郭开贞看林译小说着了迷。

《迦茵小传》中的女主人公迦茵，深深地抓住了开贞的心。他联想到《西厢记》里的崔莺莺。迦茵的身世让痴迷的开贞流了不少眼泪，他同情她、怜爱她。他尤其羡慕她的爱人亨利。他想象自己要是亨利该多好，他也会像亨利那样爬上古塔去为她取雏鸦，也会从古塔上失脚掉下来，让她用温柔的手臂去接。开贞想入非非……但这到底不是现实。

开贞还听说，那个翻译了那么多外国名著的林老先生其实一点外语都不懂，全靠同伴翻译过来，他再润色加工。依靠这种方式翻译的作品，竟然能夺走开贞那么多眼泪，真让开贞佩服得五体投地了。

中学的第二个学期，张伯安和吴尚之也发现开贞有了许多变化，他不去校外疯了，常一个人憋在宿舍中看书看个没完。

有时，开贞也向他们推荐几本看过的书，并滔滔不绝地向两位好友复述小说中的精彩片段。说着说着，他还能流出眼泪来。

尚之开玩笑地说："开贞，我看你以后也可以成为一个大文学家！"

张伯安也说："只是以后成了大文学家，可别把我们也都写进你的书里。"

听了好友的话，开贞不置可否，他的确做过文学家的梦，但他从来没有那么认真去想过。今后的路，谁说得准呢？况且，中学一年，他对许多事情都是失望多于希望。他所渴求的那种东西，以及求知求新的欲望，总是难以得到满足，他自己不知道，看小说也不过是一种对内心空落的填充罢了。

他还是想像大哥那样飞出去。

埋头看书，户外活动减少，特别是生活的无规律和心情的压抑，使得郭开贞的身体素质在不知不觉地走着下坡路。

七、"我要吃姓赵的药！"

郭开贞做梦也没有想到，一贯体质很好的他，在中学第二年开学后没多久就得了一场大病。

大约是在中秋节过后没有几天，他就开始觉得疲劳，早晨才起床，就像是已经劳累了一天一样，浑身没有力气。他依旧去上课，但在课堂上精力集中不起来，先生的声音犹如隔着十万八千里那么远。也许是感冒，顶几天就会过去的，他这样安慰自己。

可是到晚上他又开始咳嗽了，一咳就咳半宿。

那天他又流了鼻血,肚子也作怪了,一天要跑好多次厕所。吃饭时闻到油荤就恶心,素菜吃到嘴里又味同嚼蜡。

开贞坚持不下去了,于是,他请了假,在宿舍中休息。平时活蹦乱跳的时候,他从来也没有感到寂寞,一旦身体有了疾病,一种孤寂感便涌上心头。

他躺在床上,盯着窗户上一只秋后的蚊子,突然觉得自己快死了。死?活了十几年,他从来没有想过呀!他闭上眼睛,脑子里像波浪翻腾的大海,自己怎么好像在一只漂泊不定的船上?远远的海平线上,有一座山向他飘来,山变换着颜色,又幻成一片云。

开贞使劲地睁开眼,吃力地从床上爬起来,站在屋中央……不知不觉地两行热泪顺着面颊滚落下来,他心中爬满了忧虑的虫。

这样子,过了一个星期,他再也不能硬撑下去了。"我一定要回家去,回沙湾,回父亲母亲的身边去。"这种想法强烈地督促着他。他向学校请准了假,预备第二天乘雇好的轿子返乡。

下午,开贞的堂兄从省城回来,见到开贞,大吃一惊,说道:

"你怎么成了这个样子?赶快回沙湾治病哇!"

开贞强打起精神笑笑,告诉堂兄,已订好了隔日的轿子。

"那咱们明天一同走吧！"堂兄想着这样路上也好照顾生病的八弟。

没想到第二天堂兄却没有雇到轿子。看着急得团团转的堂兄，开贞不忍心自己先走，他犹犹豫豫地说：

"哥，你先坐我这乘轿子走吧！嫂子要在家里等得不安了。"开贞知道堂兄刚从省铁道学堂毕业，这次是衣锦还乡，不能让他在路上耽搁太久。

堂兄拗不过八弟，只好先走了。临上轿前，堂兄反复叮嘱开贞，找到轿子后尽快赶回沙湾。

开贞又在城里待了几天，想再熬熬，如果病有好转就不回去了。可是痢疾不仅没止住，热度倒又上来了。

事不宜迟，同学帮他雇了没有棚顶的轿子，天蒙蒙亮便立即启程。

轿子出了嘉定城大西门，一路下去，走了约莫十里地就到了雅河边，过了雅河向东南方向转去，一头又扎下去十里地，就到了水场口。

按照往常的惯例，轿子到这里要打尖，轿夫们一路奔波，到了水场口便要吃早饭，过烟瘾。

开贞坐在轿子上，一路颠下来，肠子都要翻过来了。他希望轿夫们跑快点，早点到家，又想让他们慢一些，因为病了多日的他，几乎经不起颠簸了。

轿夫们把开贞放到一家街店门口的椅子上，就急不可耐地找地方过烟瘾去了。

那时四川的轿夫，几乎没有不抽烟的。抬着雇主翻山越岭，没有气力和耐力是挣不到钱的。一天下来骨头架都要散了，只有过了烟瘾，才能精力十足地上路。

看着两个骨瘦如柴的轿夫消失在烟馆门口，开贞摇了摇头。他跟店家要了一碗普洱茶，静静地坐在那儿。他打量一下四周，虽然还是上午，可淡淡的秋阳懒懒地照着，给街面和房屋抹上了一层惨淡忧郁的色彩。

他休息的这家店子，是一个兼营饭馆、客栈、酒店、茶棚各种过路生意的地方。店外的街灯上写着"酒饭便易，河水香茶"的字样。

他开始追忆好多年前，母亲带着他和兄弟进城时在路上的情景。他那会儿小得可怜，是被人用筐提着的呀！

"八老师，你怎么在这里？"一个声音打断了开贞的思绪，"你的脸色不好啊，人不安泰呀？"

开贞抬头一看，是沙湾的杜子康，过去一同玩耍的孩子。杜子康露出惊异的神色。

"唔，我在泻肚子。"

"哦，那很不方便，你是回家，还是下嘉定？"

"回家去养病的。"

"唉哟，那可还有五六十里路要走哇！"

提起前边的路，开贞觉得头皮发麻，他皱了皱眉头，不愿去多想。

杜子康踌躇了一下，说："八老师，"杜子康没上几天学，场里人的习惯，管上中学的都叫老师。"你肚子痛，我有个好办法，你跟我来，我拿一样药给你吃。"

杜子康是进城去的，他也在这店里歇脚。

吃了药，开贞果然觉得精神好多了，奇怪的是肚子也不痛了。他向杜子康表示感谢，杜子康笑笑说："你先回家治病吧！"

上轿以后，开贞感到轻松了许多，一直到家也没再泻肚子。

回到家时，已是黄昏。

在中堂里最先遇到三嫂，开贞勉强打了个招呼。

父亲从后堂过来，一见开贞便焦急地说：

"八儿，你这是怎么了？"

"我人不大好。"开贞已无力多说。

父亲和家里人赶紧把他扶到母亲房门口，母亲刚好出来，一见儿子的脸色，眼圈就红了。

"八儿，你，你……"母亲一时不知说什么了。

"娘，我人不大好！"

开贞硬挺着，走进母亲房中，一头躺到床上，就失去了知觉。

开贞的父亲，虽说是通些中医，但儿子这回生病，他却有些紧张。第二天，他开了些温和的药给八儿吃，一看不见效，就赶快去请镇上唯一的儒医宋相臣。

宋先生是从流花溪过来的秀才，是个孤儿，早年在一药店当小工,因勤快敏慧,不但被店主收为弟子,还娶了店主的女儿,成了接班的。他到沙湾后名气挺大,只是因为要花钱,沙湾的人轻易不去找他。有个小病小灾,宁可找郭朝沛这个自悟的医生讨个方子,抓帖药。

郭朝沛找到宋先生,宋先生看过说是"阴症",要先治里后治表。宋先生开了一剂分量很重的药方,里面有很多附子、干姜。药抓来后,大嫂亲自熬药,又亲自端到开贞的床边。

开贞喝下药有很大反应。病不但没有见好,反而加重了许多,高烧不退,口舌眼鼻,凡有黏膜的地方都变成黑色。他不断地说胡话:

"我要到地下去睡,我要到地下去睡。"

全家上下都被开贞的样子吓坏了,母亲急得不停地落泪。

宋先生此时也不知所措,问是不是下到嘉定去请医生。父亲和伯父商量,嘉定一个来回一百五十里路,就是去请了来,恐怕也晚了。可是邻近也难找到比宋先生更好的医生了。

大家围着半死不活的开贞,都没了主意。有人说,干脆去请个跳大神的来为八儿降神驱邪吧。

郭朝沛赶快派人去请了个巫师来。巫师又是唱,又是跳,屋前屋后折腾了个遍……

该施的"神法"都用过了,看看开贞还是昏迷不醒,巫师要了钱，趁人不注意，赶紧走了。

郭朝沛又找了雄黄丸、六神丸等给开贞吃。办法都用尽了，开贞仍丝毫不见好转。

第三天上午，一位堂叔急匆匆地跑来说，有一位姓赵的大夫，住在三十里外的太平市，都说这人有点绝技。

到这关口，只有"死马当作活马医"了。郭朝沛没有犹豫，就说："请！"

赵大夫来了，诊断说是"阳症"要用凉药。这个诊断与宋先生的说法恰恰相反。他也开了一帖药，其中用了很重分量的芒硝和大黄。宋先生看到方子，头摇得像拨浪鼓，说："八儿本已泻得够呛了，再下大黄、芒硝，还不得把五脏六腑都拉了出来！"

赵大夫也很固执，说如果让他医治，就必须吃他这药，否则，他就打道回府了。

同一个病人，两种说法和两种治法。一东一西，郭朝沛也被弄得没了主意。他拉住赵大夫和宋先生，恳请他们务必救救这孩子。几个人就病情和医治方案讨论了大半天，母亲都快急疯了，从后堂到前堂跑了五六次，催促他们下决断。

直到天将黑了，父亲还是下不了决心。母亲在房中跟四女儿说起赵大夫的药，昏迷的开贞突然在床上叫了起来："我要吃姓赵的药，我要吃姓赵的药！"母亲跑到床边看看八儿，他又如先前一样毫无知觉了。

吃赵大夫的药，最后是母亲做的决断。平时主宰这个家庭，说一不二的父亲此时反倒没了主意。他同意开贞吃赵大夫的药时心里在想：听天由命吧，假如是吃了也死，不吃也死，那就吃吃吧，也许还有一线希望。

服了赵大夫的药，开贞的病情果然有了缓解，两个礼拜以后，开贞恢复了意识，高热也退了。赵大夫又开了新的方子，郭朝沛见还有泻药，就暗中扣下没有再去抓，而是自己开些舒缓的药让开贞继续服。

见到八儿病已好转，全家人都松了口气，母亲不止一次对旁人说："八儿是有神人搭救哇，不然他怎么在人事不知的时候，说'吃姓赵的药'呢？"

病去如抽丝，几个星期水米不沾牙的开贞，躺在床上浑身无力，但他的思维开始活跃起来了。他隐隐约约地记得发高烧时自己做过一个很长很长的梦。好像是他到了上海，进了最好的学堂，可是学堂的房子也是由考棚改建的。他考试依然得了第一，可后来跳木马跌伤了左手。

他不想回家，怕耽误学业，就想出了一个两全的办法……他还梦见站在上海的城头看东海的日出，海那么大，太阳升起来时灼人得很，忽然脚下云雾升了起来，太阳被云雾笼罩后，显得昏昏的，这是东海日出吗？他有些疑惑，再仔细辨认，自己竟站在嘉定城头看青衣江上升起的太阳。忽一阵风，他又飞回了家，落地一看是一个不认识的王国，国王不知怎么了解到他会书法，请他做客，还为他建造了一个四面玻璃的亭子,坐在里面往四面看,到处都是美丽的菊花……

开贞觉得他的梦真长,仿佛做了好几年。

开贞可以起床下地了。他还没来得及高兴,肠伤寒的并发症又出现了。虽得到了及时的治疗,他还是留下了耳部的疾患和腰椎病。

开贞大病时,还出了这么一件事。

那天,母亲为了催父亲赶快确定吃什么药,临时叫四女儿照看开贞。四女儿已嫁到许湾,听到弟弟生病的消息才赶回来的。开贞迷迷糊糊睁开眼,见到四姐,想起一件事,就说:"四姐,五哥死了!"四姐瞪起眼睛不信,开贞就让她翻自己带回的一本书,书中果真夹着一封五哥从日本寄回来的信,信上说因与大哥闹了矛盾,所以决定自杀(其实并未自杀)。四姐看到这里,边哭边往外跑,母亲见到四姐慌张的样子,以为八儿不行了,也哭了起来。等她和家里一大帮人跑到开贞床边,看到开贞还活着,才知弄错了。

母亲埋怨四女儿没把事情说清楚,四女儿抱怨母亲没等她把话说完就跑。这件事后来被大家当笑话讲了好多次。

孩子病一次,就懂事一些。开贞大病一场,也深深感受到家人的亲情。尤其是母亲,他终于知道什么是慈母心了。回想一下儿时的种种,母亲的形象深深刻在他的心里。

　　四川的柑橘是出了名的,开贞病愈,刚好赶上佛手柑成熟的季节,那令人心醉的果实鼓动了开贞的诗心。本来这两年,他已开始试着写些诗词,现在他的手和心都很痒痒。他一定要写一首颂扬赞叹母亲的诗:

> 嫩黄阶畔一株斜,香犀微熏透碧纱。
> 掌是仙人承醴露,手经天女散琼葩。
> 摩肩隔石穿耆闍,含笑拈华入梵家。
> 霜叶经秋颜更绿,岁寒松柏莫须夸。

　　开贞把这首诗送给母亲看,母亲微笑着读了好几遍。开贞在一旁看着母亲读诗的样子,觉得很像小时候,母亲教他读诗念童谣的模样。他暗暗下决心,今后一定要做出点什么来报答母亲的养育之恩。做什么呢?他的心里还没有想好。

　　这一年寒假,开贞还做过一首咏蜡梅的诗,诗中咏道:"瘦削只缘冰镂骨,孤高宜借月传神。"以此表达了自己不畏霜寒、追求高洁的精神。

八、夜宿丰都庙

　　在嘉定联立中学的第二学年,郭开贞的学习成绩依然名列前茅。他虽然大病了一场，但病愈回校后，没费什么气力就又显示出学习的才华。

三月里，第二学期刚上了一个多月的课，家里就打发了一乘轿子，来嘉定接他回家去。轿夫吴长发告诉他，是去年年底去世的大伯父要上山了（即去选好的坟地安葬），家里接他回去参加仪式。

大伯父对开贞一直很好，他从年轻时就得了痨病，幸亏精心调养，居然也活到了六十二岁才去世。

开贞请准了假，下午三点出城。

抬轿的吴长发和张老大，都是沙湾场的人，是乡里屈指可数的老轿夫。春日白天短，四十里路走下来，天已擦黑。

开贞看看还没有到罗汉场，而两个老轿夫已气喘吁吁，他心里着急，有心督促他们快点走，犹豫了一下却说：

"停一下，让我下来自己走吧！"

两个轿夫拗不过他，只得让他下了轿，抱歉地说：

"八少爷，那就让你多受累了。"

心中有事脚下急，郭开贞没有一会儿工夫，就把两个抬着空轿的轿夫甩得没了影儿。

天已经黑下来，伸手不见五指，路上没有一个行人。开贞没走过夜路，大渡河哗啦哗啦的流水声和风吹林木的沙沙声合在一起，很是有点令人心惊。

他不相信世上有鬼，心里还是不很踏实，这种月黑风高的时刻，会不会有一群强盗夺路而出？不用说一群了，就是一个也不好对付的，到时候，也只好跟拦路者一拼到底了。另外，他还可以跟强盗说："我是沙湾场郭家的公子。"凭着祖上的名气，他也许能化险为夷。

就这样不知不觉地他走了二十多里山路。前方有了灯光，他的心才放松了一点。他知道，那有灯光的地方是一个叫丰都庙的村落。平日，来往的人都挺忌避那个地方，开贞当然也不例外，可现在他顾不上许多了。如果再黑灯瞎火地走上十四多里山路赶回沙湾，他已没有那种胆量了。回头看看，轿夫早不知被甩到多少里路以外了。目前只有一条路，到丰都庙等轿子上来，买了灯火再赶夜路。假如，两个轿夫不来，他便准备在这里过夜了。

再说落在后面的轿夫吴长发和张老大，二人在离城四十里的罗汉场吃了晚饭，才接着赶夜路。

两个人在离罗汉场四里多地的堰溪口买了灯火，一路下来，也没有见到八少爷的影子，以为他先赶回沙湾了，所以两人在丰都庙也没有停，穿过丰都庙前的沙地，奔沙湾去了。

到家一问，八少爷没有回来，吴长发和张老大立刻冒出一头汗。

郭朝沛问他们是在什么地方分的手，两个人支支吾吾地回答不出来。

母亲问是不是在堰溪口买的灯火,两人点点头,又问有没有到丰都庙去,吴长发和张老大,一个说去了,一个说没去,弄得大家如堕五里雾中。

父亲再往下追问,两个老轿夫就眼泪巴巴地跺脚,骂自己该死。

母亲心下犯疑,这两个老轿夫,会不会抬轿失了手,把八儿倒进了大渡河?那山路傍河,有几段是很艰险很吓人的。母亲越想越担心,哭了起来。

郭朝沛毕竟是个男人,遇事要冷静得多。他分析儿子没走过夜路,说不定走到丰都庙就停在那里等天明了。

父亲的分析正是开贞的打算。

开贞进了丰都庙村,在街上找到一家亮着灯的蜡烛店,刚巧碰上沙湾的几个江湖兄弟,他们见开贞一人来这里,觉得挺奇怪,就问:

"八老师,你是回府吗?怎么没坐轿子?"

"唉,轿子我让了,吴长发和张老大抬不动我了。"开贞往门外看看,两个轿夫仍杳如黄鹤,"天太黑了,我买了灯火等着他们。"

沙湾江湖兄弟看开贞没吃饭,就请他吃了饭。吃过饭,开贞又跑出去看,依然见不着轿子的影子,便有些着急。

"你在什么地方让的轿子?"

"还没到罗汉场呢!"

"那他们准是在罗汉场吃了晚饭,弯道去堰溪口了。"

开贞听了更加着急,如果他们真的不过丰都庙,那这后半程夜路是走,还是不走?开贞正琢磨不定,江湖兄弟说:

"八老师,我看你今晚不要回沙湾了,天黑路陡,万一失足落进河里,可不是闹着玩的。"

他们热情地为开贞安排住处,他见人家这么真诚,也就答应了。

躺在这间小小的棚屋里,开贞却睡不着。几个江湖兄弟眼下正打着呼噜睡得香甜。他仰着头透过板壁的缝隙,可以看见天空中一闪一闪的星星。不知从什么地方飘来一阵阵牛屎的腥臭味。

开贞盼着天快些亮,稳定了几次情绪,可还是睡不着。他知道鸡叫是三更天,就竖起耳朵听,没有听到鸡叫,也没有听到狗叫。一翻身,床板就发出吱吱嘎嘎的"呻吟"声,怕吵醒了别人,他尽量控制着自己少翻身,心里却已开始烦躁地翻腾起来。

不一会儿,远处好像有一两声狗叫,接着便响起一片犬吠声,似乎还夹杂着嘈杂的人声和脚步声。他第一个念头是,会不会有强盗打劫店铺?!

"赵老板,赵老板,"客店的大门被敲得咚咚山响,"沙湾场郭鸣兴达的八老师在不在这儿?"

开贞腾地从床上蹦起来,冲着外面大喊:

"哦,我在这里,在这里呀!"

屋里的人被开贞的叫声惊醒,以为发生了什么事情,都很惊慌,待弄明白是沙湾的人来找八老师,赶紧起来开了大门。郭家派来的人进屋就喊:

"八少爷,你还在这里睡觉,赶快回去,老太爷和老太娘都快急死了,以为你掉进了大渡河!"

开贞没顾上谢谢江湖兄弟,就跟着家里人匆匆赶回了沙湾。

半路上开贞见到了五哥,就是生病时以为他在日本自杀的那个,到街口百岁坊下又碰到焦急等候的父亲。开贞跑进家门,直奔后堂,母亲躺在床上,两眼发直。开贞一下跪到床边,握住母亲的手,母亲看到儿子来到面前,眼中突然涌出两滴泪珠,低声地说:

"八儿,娘把你望得好苦啊!"

家里人告诉开贞,母亲已经哭了两三个钟头。

"八儿,我真的以为你淹死了,我不甘心,去年一场大病,你都挺了过来,怎么能这么就淹死了呢?"

开贞陪着母亲说了好一阵子话,父亲和五哥才回到家。大家又聚在一起聊了很久,天都泛亮了,才各自去休息。

一夜虚惊,闹得一家人都没有睡好。

郭开贞这次回家最大的收获,就是遇到了新五嫂。

五哥是头年年底从日本回来的,今年三月份才结婚。

五嫂刚进郭家门不到两个礼拜。五嫂是镇上王畏岩先生的二女儿，只比开贞年长一两个月。开贞上小学时，五嫂家里人就来说过亲，开贞和王家女年龄相仿，本来也许能成为挺好的一对，但那时家里已经给开贞订了婚，而五哥的未婚妻刚生病去世。父亲把这个情况告诉了王家，王家有心要结这门亲，于是，就定了五哥。两家订婚半个月后，开贞的未婚妻也生病离开了人世。母亲后来说："五嫂当年如果再晚个把月订婚，这门亲事应是八儿和她的。"话里透出无限的惋惜。郭开贞看得出母亲的心思。

对于家里订下的这门婚事，五哥并不满意。当时他正在东洋留学，也不知道是谁对他说：王畏岩的祖父是个裁缝，王家出身微贱。五哥就一封一封往家中写信，反对这门婚事。五哥不知是忘了，还是根本不清楚，他的祖辈也是披着两个麻包进川的赤贫啊！

好在结婚以后，五哥五嫂非常和睦，这一点也令开贞羡慕不已。

有一次，他们兄弟几个在月光下猜诗谜，开贞因为要找几本旧诗本，一个人到后堂去。他在后院一间屋前，见到五嫂一个人孤零零地坐着，就问五嫂为什么不出去一块儿玩，五嫂笑笑。他又问她为什么不去母亲屋里，五嫂说母亲睡了。开贞觉得自己应该陪陪五嫂。

月上中天，五嫂望着石缸里的睡莲自言自语道：

"哦，子午莲都开了。"

开贞看到月光洒在五嫂身上、脸上、手上，很美。

五嫂看见他的样子，"扑哧"一声笑了。

"想起什么好笑的事了？"开贞问。

"我想起了你的相片。"

"相片？"开贞记不起自己有什么照片。

五嫂告诉他："我们家里有一张小学堂甲班毕业生合影相片。"

那是王畏岩先生在县里当视学时，参加他们毕业典礼时照的。五嫂当时也是个小姑娘，她从这张照片上认识了这个后来的小叔子。照片上的开贞，个子矮矮的，站在最高一排，胸脯挺得高高的，脖子还倔强地挺向一边。

五嫂说他样子时，还做出好看的姿势："我一下子就看出了你好胜，不服输，是不是这样？"

开贞点点头。他平时很少跟五嫂说话，可五嫂竟能读破一颗少年心，他心里升起一种隐隐的佩服。

五嫂进郭家一年就死了，她生了个男孩，却得了个产后痨，吐血不止。五嫂死时，开贞已到成都读书了，他无法回来见她最后一面。后来别人告诉开贞：五嫂临终前，向空中叫着八弟的名，母亲告诉她，八弟读书在外，不能回来。五嫂坚持说，八弟回来了，回来了。

开贞本来和五嫂没有什么缘分，但他又觉得他们之间有一种旁人无法理解的缘分。

九、醉酒怒骂丁平子

开贞的大伯父上山会葬的仪式搞得很是热闹，事完之后，开贞便返回了嘉定联立中学。临行前，父母自然又要教导一番，父亲以学业为主，母亲以身体和生活为题，开贞都一一答应下来，这样多少可以让父母放心一些。另外，他本身也不愿再荒废光阴。

谁知，回到嘉定不久，学校就出了一件事。

不晓得谁在学生吸烟室的内墙上用粉笔写了"丁平子不通"五个字。

那时候，中学都有学生自己的吸烟室，这里和厕所一样，墙壁是学生们发泄内心不满的地方。平时，学生们受了压制，无处出气，就会利用吸烟或上厕所的机会，在墙壁上写上几句，痛痛快快地发泄一番，完了也就完了，从没有人把这当作一回事。过些时候，新的"杰作"就把旧的"杰作"盖上了。

丁监学平时在学校里骄横跋扈，对学生更是张口就斥责，恨他的人多得很。因此，吸烟室有人写上一句讽刺他的话，本不足为奇。偏偏那天丁平子到学生吸烟室有点事，扭脸看到壁上那几个字，立刻暴跳如雷。

他怒气冲冲地找到秦校长，发誓非查出写字的人，如果校方不支持他,他就立即辞职。

秦校长对厕所、吸烟室乱写乱画的事,早有耳闻,这类事他也早想加以整顿,这次刚好可借机刹一刹这股歪风。于是,他就把查处此事、整顿校风的使命交给了丁监学。

下午,全体学生被召集到大礼堂里,教职员站在前边。

丁平子盛气凌人地站在前面,发表了一通演说:

"我丁平子,三五少年也曾东渡,前年留学界闹取缔风潮,鄙人被选为四川留学生同乡会总干事……"

丁平子滔滔不绝地发表了半个多钟头讲演,无非是他受秦校长之委托任监学,一直勤勤恳恳,鞠躬尽瘁,但好心没好报,不但得不到大家理解,反而被蔑为"不通"。丁平子说,在日本留学时,他是被称为通之又通的,而今被一通不通的学生们称为"不通",真是奇耻大辱。

许多学生在下面看到丁平子歇斯底里的样子直想笑。

丁平子啰啰嗦嗦地喊叫了半天,大概是累了,他最后尖着嗓子宣布:

"我现在就正式辞职。限三天之内查出写字的人,并给以处分。否则,我将永不回校。"

听说丁平子辞职,学生们都暗暗高兴。可校方却像国王要退位一样着急,恐怕是校方看上了丁平子的严厉,这本身就是一块压制学生的"宝物"。

丁先生甩袖回了自己的房间,尔后又搬到街上旅馆去了。

学校停了课,专门组织教职员到学生中间了解、密查,同时还要求学生们检举,又推选了老师和学生代表去丁监学处极力挽留。丁平子不说复职,也不说不复职。

学堂简直成了开水锅,沸沸扬扬地闹腾了三天。三天后还真的把写"丁平子不通"的人找了出来,他是乐山县的学生刘祖尧。

荣县来的几个学生是丁平子同乡,他们一口咬定,亲眼看见刘祖尧写的。可是刘祖尧自己说什么也不承认。因是用粉笔写的,经过几天已模糊不清,认不出是谁的笔迹。

不管是不是冤枉,学校当晚就将刘祖尧斥退了。刘祖尧含着眼泪夹着铺盖离开了学校,许多同情他的学生都去送他,但无力改变校方的决定。

当晚,学校又派出教师、学生代表,再次去旅馆请丁平子,前呼后拥地把他接了回来。

受压制的同学们看着丁平子趾高气扬地回到学校,心里都堵着口气。学校成了监学的江山,而学生们简直成了他们的奴隶。

郭开贞瞧见丁平子得意扬扬的样子更是愤怒。刘祖尧是他换了帖的朋友之一。换了帖就是兄弟，按道理，为朋友的事应义不容辞，两肋插刀，因为这个莫须有的罪名，就处置了他的好朋友，郭开贞说什么也咽不下这口气。他要去找丁平子论理，好友张伯安和吴尚之他们都竭力相劝，眼下正值风头上，已经有一个牺牲品了，不能再去当第二个牺牲品。大家认为，今天让丁"不通"占了上风，但日子还很长，以后再找机会报复他，古人讲，君子报仇，十年不晚。

在好友们的力劝之下，开贞冷静了下来，他把这股怨气压在心里，像奔腾着岩浆的火山，等待着喷发的那一天。

时间过得真快，转眼又快到放暑假的时候，春天发生的那场风潮虽已过去，但埋在心里的种子却并没有死去。

丁平子照样压制学生，而且越发变本加厉。由于有了先前的刘祖尧，被羞辱的人也大多忍气吞声，敢怒不敢言。

期末考试过后，一天晚上，伯安、尚之在土桥街意如轩为开贞饯别，虽然只是一个暑假，但几十天的分别也挺不好过。

这个学期，开贞很少出来吃酒，一是有意识地节制自己，二是去年一场大病后家里不让他贪杯。

久违的酒让三个好友都失去了控制。开贞记不清都吃了什么菜,喝了什么酒,大概有绍兴酒、白玫瑰酒、四川大曲、高粱酒等。酒量再大的人,也怕各种酒混杂在一起喝,反正最后大家都醉了。醉后还说了好多话。

开贞和伯安先把尚之送回家,又一同到伯安家里坐了半天。看到开贞走路摇摇晃晃,伯安便雇了一乘轿子送开贞。两人分别时,又拉着手说了半天话。

回到学校寝室,开贞倒头便睡,梦中突然听到同室有人在提刘祖尧的事。这一下子便勾起了开贞压抑了一个学期的愤懑,仗着酒劲,他内心的怒火像火山一样喷发出来了。

开贞大着嗓门痛骂丁平子是"专制魔王",又把他从头到脚,从内到外地数落个遍。足足两个钟头,真真把一肚子的怨恨都吐了出来。

同室的学生,开始还有点紧张,后来则鼓掌叫起好来。

开贞的骂声,引来了许多同学,大家围在窗前听、笑、叫、鼓掌,痛快淋漓。

丁平子听到别人的报告,也在窗外走了几趟,同学们像没有看见他一样,依然围在窗前。

待到第二天早晨,开贞酒醒了过来。同学们把昨晚的事告诉他,他不在乎地说:"那又怎么样?"

丁平子受了这场骂,自然不能善罢甘休。他先是找到郭开贞,大闹了一通,骂他目无师长,缺少家教,靠兄长势力，破坏校规，不知羞耻；接着又跑去找秦校长，要求斥退开贞。

没想到丁平子这次却遇到了强大的阻力，乐山县籍的教员都极力反对他的做法。

黄经华先生第一个站出来为开贞说话，他软中带硬地质问丁平子：

"郭某为什么被斥退？"

"这难道还用问？你们长着耳朵都能听见！"

"不就是他吃醉了酒骂了你吗？"

"这还不够斥退吗？！"

"年轻人喝醉了酒失言，你是先生不必和他计较嘛！再说，你不是也大骂了他一通吗？"

丁平子一时语塞，咽了口唾沫威胁道："那就请校长免我的职！"说完怒气冲冲地往外奔。丁平子还想用上次的办法使大家就范，没想到出门就碰上了往里走的张伯安。

张伯安指着丁平子说：

"丁丁儿！"他放开胆子管丁监学叫儿了，"你要敢斥退郭开贞，我是不会放过你的！"

丁平子听见，扭头又跑回屋内，冲着校长大叫：

"哦，秦先生，秦先生，不得了，不得了！我办了一年半的学堂犯了死罪，竟有人要……这还了得，这学堂还可以办吗……"

丁平子一转身，又看见郭开贞站在那里对他怒目而视。他回头看看，到处都是愤怒的目光，却很难寻得同情的目光。

"我要到省里去告，省里不行，我就进京！"

丁平子疯了一般冲出屋去。

斥退开贞的事，因为放假，没有结果。丁平子回荣县去了，开贞也回到沙湾。校长说，先悬着等开学再说。

这次风波不小，但开贞回到家后，父亲并没有责备他，也不很着急。先是他也听说了丁先生的为人，再是自己的三儿子是省铁路路股调查委员，派驻荣县。父亲对三哥说：

"八儿的事，你去与丁先生私下谈谈，只要他稍稍放一马，学校不开除，我们就把八儿转到成都去读书。"

可三哥还没有去，便传来丁平子得白喉一命呜呼的信儿。开学后，这事也因丁平子的突然死亡而不了了之了。

十、"考试的童生，出阵的兵"

郭开贞在嘉定中学的几年里，曾经两次险些被斥退，他的反叛性格，决定了他不能忍受屈辱和专制。这种性格也影响了他日后的写作。不过这是后话了。

丁平子丁监学的暴病猝死，使郭开贞免遭斥退的命运,先前被斥退的易老学生,有一次见到了开贞,说:"你的星宿高,硬是把丁丁儿克死了。这真是活眼现报啊!"

易老学生阴阳怪气的话,开贞根本就不往心里去。他最清楚,使丁平子完蛋的是病魔。

开贞没有想到,他会再次落到被斥退的境地,而且是不折不扣地被斥退了。

事情是这样的。

中秋节过后的一个礼拜天,开贞和同学约好要去竹公溪钓鱼,可是头天县里的视学魏文通先生托人捎来口信:请开贞带几个同学,第二天去县劝学所帮他整理一批积压的文书事务。开贞起初不太想答应,又一想魏先生是他大哥很要好的朋友,人家找自己帮忙是看得起自己,这个忙不帮,对不起大哥。况且去了也可以长长见识,于是他就痛快地应了下来。

第二天一大早,开贞约了几个同学,一路小跑到了乐山县劝学所。从上午九点到下午两点,几个学生为魏先生抄了一大摞教员花名册。大家虽然是第一次干,不过年轻手快,提前几个小时完成了任务。魏先生很高兴,想留他们吃饭,开贞和几个学生婉言谢绝了。

他们出来后,不想马上回校。有人提出去萧公庙看戏,大家都同意,便沿着大渡河畔的城墙,向城南走去。

从劝学所到萧公庙,途中要路过王爷庙和铁牛门。开贞和同学边走边说，欢欢笑笑，很快就到了王爷庙。王爷庙现在是兵营，驻扎着部队。

一个同学从大门看见里面有许多士兵在跑来跑去，好像在准备武器要和什么人打仗，就说：

"看样子是什么地方出了事，你们看！"

"这有什么奇怪，你们没有听说峨边厅那边出了乱子吗？昨天营防就下令，今天去平定！"另一个同学说。

开贞满脑子都飞到萧公庙的戏场去了，听到他们在这里啰嗦个没完，就催促道："快走快走吧，别在这里浪费时间了，不然到戏场人家都散场了。"

几个人又说说笑笑往前走，忽然迎面跑过来几个狼狈不堪的兵士，拎着衣服、拖着哭丧棍匆匆跑过。

大家觉得这几个兵实在可笑，怎么像过街老鼠一样。开贞嘲讽地说："这叫'虎落平阳不如犬'，英雄弃甲曳兵而逃。"

说着走着，他们来到了铁牛门。前边城墙上忽地涌下一大群人来，大家仔细辨认，领头的竟是嘉定联立中学的学生。他们看到开贞几个人，就冲他们嚷道：

"你们还不赶快加入进来，咱们一起找营防军算账去。"

"究竟出了什么事情？"开贞问道。

几个同学争先恐后地把刚才发生的事说了一遍。原来是在萧公庙戏场上，联立中学的学生与营防军的士兵因争座位发生了冲突，学生们又是初生牛犊不怕虎，而王爷庙驻扎的营防军，也向来是横冲直撞、目中无人，再加上马上要去打仗，更有些敢死精神。"考试的童生，出阵的兵"，两边都不是好惹的，都不是"省油的灯"。两股火、两个雷碰到一块儿，就变成了巨大的灾难。

戏场里学生多，当兵的少，一声叫喊，学生们一拥而上，打得几个刚才还嘴硬的营防兵喊爹叫娘，四处乱钻乱窜，现场的警察跑上前制止，也被愤怒的学生连推带搡赶到了戏场外。有一个学生被打得吐了血，一个兵被打得半死。开贞他们刚才看到那几个狼狈不堪的营防兵，就是败在学生们手下的家伙。

冲突中，还有几个学生受了伤。同学们不愿善罢甘休，扶着几个受伤的学生，吵吵嚷嚷地要去王爷庙找营防军首领论事评理去。

郭开贞和几个刚来的同学听罢都说：

"去不得呀，我们过来时，看见他们已有了准备，都拿了枪，你们真要去闹，他们开起枪来，可不是好玩的。"

"那我们也不能就这么算了，他们敢开枪?!"一个同学喊。

"同学们，大家别着急，别冲动。"开贞挥着两只手让情绪激愤的同学们冷静下来，"我想我们还是先回学校，不去不等于说我们怕他们，也不说明我们软弱，我们可以跟学校商量，让学校去找营防军。"

大家听了开贞的话，想想有道理，再这样闹下去，说不定真的把事态闹得不可收拾了。况且这次冲突中，营防军也没有占到什么便宜。

街上的学生回到学校后，决定派代表去找校方，请求校方支持。大家去校长室找校长，校长回犍为县家中去了。若等校长回来，还要好几天，可处理这件事却不能迟疑，校长不在，就去找教务长。

大家聚集在礼堂里，派人去把教务长和监学詹先生请来。张教务长和詹先生来了，站在同学们面前，同学们却没有一个人上前说话。由于以往学校闹风潮，带头的和当代表的最后都很难有好结果，枪打出头鸟，这些人最后一般都会遭学校斥退。

"你们请我们到这里来，有什么事要说吗？怎么没有人说话呢？"张教务长背着手，语气很客气。

礼堂中仍无动静，开贞有点耐不住了，虽然他并不是在戏场的当事者，可总不能眼见同学被打伤而袖手旁观。

"张教务长，事情发生的经过是这样的……"开贞主动站出来，把当时的情况详细地向两位先生报告了一遍。

两位先生听完也有些愤怒了，这些个兵，怎么能这样欺侮手无寸铁的文弱学生呢。张先生和詹先生对学生们的同情，打消了大家的顾虑，于是大家又纷纷讲了许多细节。

张先生和詹先生说:"你们先安心待在学校里,营防军那边,我们去找他们的长官论理。"

同学们见校方愿意去为他们交涉,都非常兴奋,大家又七嘴八舌地提出谈判和交涉的要求,开贞给归纳成三点:

1. 要营防军长官亲自到学校来赔罪;
2. 要斥革那几个肇事打学生的粮子(粮子即士兵);
3. 承担受伤学生的医疗费用。

两位先生带着同学们提出的条件去跟营防军交涉。

同学们像送壮士一般送他们出校,又像盼英雄一样盼他们凯旋。大家都认为,这一次学生一定会胜利,总算可以扬眉吐气了。

傍晚,两位先生回来了,显得十分疲惫和丧气。同学们觉得不太对劲,就追着他们问情况,张先生说:

"事情并非你们想象得那般简单。第一,营防军的长官因公上省城去了,不在家;副长官虽在家负责,却忙于公务,不敢擅离职守,赔罪之事不能成行。第二,眼下正是国家有事的关口,不能轻易开除士兵以免涣散军心。第三,军方受伤的人数和程度都比我们学生多。我们已去慰问了受伤的士兵,他们没让我们赔偿医药费就不错了。"

学生们先前提的要求非但没有得到满足,去谈判的先生反倒成了去赔罪的代表。大家嚷嚷着要重新去谈判，先生们不行，就自己选代表去，态度要强硬。

张教务长和詹监学也被学生们的举动惹火了，先前温和的脸变得阴云密布。他们把去戏场闹事的学生集合起来，实实在在地训斥了一通，又威胁谁要是再滋事，就要以校规严罚。

学生们的不满情绪如潮水般升涨，晚上，大家一串联，第二天竟没有一人去上课。

张教务长和詹监学没料到事态会突然恶化，他们跑了几个教室，望着空空的屋子没了主意。

校外的事件变成了校内的学生运动，教师一方和学生一方都不肯让步，僵在那里，等着校长回来解决。

学校派了专人去犍为县接校长。第三天下午，秦校长终于回来了。

秦校长一回校就大发脾气，他把张教务长和詹监学叫到他那里了解情况，有同学听到他在训两位先生，抱着幻想的同学，以为校长有可能为学生撑腰。结果自然是学生们想得过于天真。

回过头来，秦校长便对学生大兴问罪之师。这次的强硬态度是以前从没有过的。

第二天上午，学校挂出了一道斥退牌，宣布斥退八名同学，另给几十名同学记了大过。

一次斥退这么多名学生，在嘉定联立中学是前所未有的。开贞因有组织学运责任，当然难以逃脱。那位在戏场上被打成重伤吐血的同学，不但没得到很好救治，反而也被斥退了。同被斥退的还有张伯安，他本和这起事无关，大概秦校长又回想起丁平子的事，当时碍于形势，没能处置，现在正好借这次风潮清理老账。更可气的是，开贞的一个堂兄，那天也在戏场看戏，还遭了误伤，尽管他平时老实巴交的，也没有逃脱被斥退的命运。

下午，被斥退的学生往校外搬行李时，见到一乘轿子进了校门。轿后灯牌上写着"四川提学使委任""嘉定中学监督严"，原来是新调任的校长上任来了。

新校长姓严，是洪雅县的一位老举人。有同学告诉被斥退的开贞："你们何不去找找严校长，新官上任，说不定会赦免你们。"

被斥退的八名学生，果然返回学校找严监督申诉，严监督听完学生们的陈述，爽快地答应：等三天后他和秦校长办理了交接手续，便立即重新处理此事。同学们都高兴起来，心想或许这次遇到了真正的清官。

谁知三天后传来消息，一切照前任秦校长的处罚决定施行。几个被斥退的学生终于彻底绝望了。

严监督倒是真的有心想帮几个学生一把，这样也可树立自己的威望，无奈秦校长当时就呈文向省提学使书面报告了此事，并报了八名被斥退者姓名。省里很快以通报形式告示全省，一切都已无可挽回。

八名学生不但被除了名,而且以后甚至不能用现在的名字在省里上学。最可怜的是那位被打得吐血的学生,被斥退的打击使他悲观极了。第二天,同学们帮他叫了滑竿,送他回洪雅县的家。后来听说,没过多久他就因伤和忧郁去世了。

开贞没想到自己在嘉定中学的生活会是这样结束。

父亲反倒安慰他,先在家里休息一些日子,等下学期送他去省城成都念中学。

第四章

求学锦官城

一、"都喇嘛":"今日不考,等到几时?"

郭开贞能在 1910 年 2 月去成都上学,实现跳出嘉定这个"井底"的愿望,还真得感谢嘉定联立中学的前任校长秦校长。如果不是他坚决地开除了郭开贞,恐怕郭开贞还会在嘉定中学耗上个一年半载,到那时候,父亲会不会改变送他去省城读书的想法,就很难预料了。

眼下,郭开贞和五哥一同走在去省城的路上,心里真有小鸟冲出樊笼的感觉。

"五哥,你说成都是什么样子?会不会比嘉定大多了?"开贞离开沙湾没多远,就开始不停地问这个问题。

"莫要胡想喽!到了你就会知道。"五哥瞧着八弟的兴奋样儿也替他高兴。他也曾不止一次地从侧面做父亲和母亲的工作,希望让八弟走出去学习。他去了趟日本,知道外面的天地是多么广阔,外面的世界是何等多彩。如今,父母终于放开了手,同意放飞八弟这只雏鹰,但临行前千叮咛万嘱咐地让他照顾好开贞。

五哥没有正面回答开贞的提问，开贞只好凭着想象在头脑中描绘省城的图画，他根据大哥和五哥当年回家讲述的种种故事，自己在心中垒起了一座巍峨的省城。

从沙湾去省城，要过嘉定，此次进嘉定，开贞有种昂首而入的感觉。他们先到王畏岩先生家落脚，王畏岩是五哥的岳丈大人。王老先生曾在成都分设中学教过两年国文，最近刚刚卸任回来。王老先生问了问沙湾郭家的事，又给郭开贞写了几封信，介绍他去找自己在分设中学时的旧同事。

"你是被斥退的学生，如有什么麻烦，就去找这几个人，他们会鼎力相助的。"

王老先生把几封信交给五哥，又嘱咐了几句别的。

第二天，王畏岩先生帮助郭氏兄弟雇了两顶长途轿子，商定一个轿夫一天一吊钱的脚价，一天平均走八十里路。

一路顺畅，他们第一天宿在了青神，第二天中午就到了眉山。一天半下来，峨眉山已渐渐地退隐得很远很远。

在轿子上，郭开贞先是兴奋，可后来却有种恋恋的感觉，这一颠一颠的节奏，使他离沙湾和嘉定越来越远了。好在轿外的新鲜景色，很快地驱走了他淡淡的愁绪。

眉山城中有一座三苏祠，是为纪念苏轼父子而建的。郭开贞发现祠中苏东坡的东西很少。

到了眉县,开贞还发现了一些有意思的事。特别是一种叫"鸡公车"的原始交通工具,令他很感兴趣。这是一种独轮车,车夫在后面推,车轭上缚着一把小竹椅,一个人面朝前坐于车上。从眉山到成都,一路上山越来越少,路越来越平,这种"鸡公车"几乎到处都是。有本事的乘客还能坐在晃晃悠悠的车上悠闲地打盹,不会掉下来。

轿子第二天在彭山休息,第三天停在双流,第四天清早启程,未到中午便进成都城了。

开贞和五哥的轿子还没进成都城,就看见一处林木葱郁的庙宇。轿夫把轿子停在一座坐东面西的庙门口,五哥告诉开贞,这就是极负盛名的"锦官城外柏森森"的武侯祠。

五哥领着开贞进了庙门,开贞被庭院内一棵棵参天古柏震惊了。他暗想,单这古柏怕也要有五六百年的历史。两人一起看了荷塘、水榭、亭台、花圃。开贞最感兴趣的是四处墙壁上历代名人的题咏,还有各式各样的对联,内容大多是歌颂诸葛亮的。

在丞相祠的南侧,是蜀汉昭烈帝的坟,坟前是三义祠。开贞站在三义祠的院子里,脑子里闪过"桃园三结义"的故事。五哥见开贞对看到的一切都充满了强烈的好奇心,就说,成都远近名胜古迹多得很,往后学习之外,可以慢慢地去游览。

进了省城,兄弟俩暂时住在一处嘉定来的人常住的旅店里。开贞一到就碰见了早两天来到的张伯安,两人见面,自然是谈了许许多多初来乍到的感受。新鲜事说够了,才转到上什么学校的正题上。虽然他们都很想进入省级的学校,但把握如何心里都没有数。

第二天,他们一起去拜访了杜绍裳先生。杜先生是开贞和张伯安小学时代的教师,现在在省提学使衙门里当科长。

杜先生凭着工作之便,翻阅了他们被禀告的文件,发现省里没有对这八个被斥退的学生发全省通报,他拍着文件对开贞和伯安说:

"真是万幸,万幸!这样你们还有希望在成都进别的学校,只是名字稍改一改就不会有问题。"

杜先生接着又劝两人考中等工业学校,说"实业救国"是一条很好的路。

对于杜先生的安排,五哥首先就不同意,五哥认为少年还是应先走小学、中学、高等中学、大学之路,这如同过去走秀才、举人、进士、翰林之路一样,属于正路,而其他的则是旁门左道了。

对于杜先生的意见,开贞和伯安没有五哥和其他同乡想得那么多、那么深。但两人也觉得不太甘心,中等工业学校一般只要有小学毕业程度就可报考,而他们已经上了两年半的中学。

杜先生见两个孩子都鼓着腮帮子不吱声,就问:

"那你们自己说,想上什么学校?"

"我们想到省级的中学堂插班!"开贞看着杜先生的眼睛说。

"假如人家不要我们,我们再来考中等工业学校。"伯安补充道。

面前这两个学生虽是孩子,但做事终不能勉强。杜先生点点头,铺开纸,拿起笔想了片刻,又唰唰唰地连写了好几张纸,分装在几只信封中。

"你们可以先去分设中学,这是有盛名的学堂,不过,一定要先言明你们是被斥退了,才来省里插班的。"

杜先生在场面上多年,懂得既要帮人把事情办了,又要为自己留条后路。他是衙门中人,不敢明知故犯呀!

郭开贞和张伯安可顾不了那么多,拿着"尚方宝剑"就直奔南校场。

分设中学在南校场高等学堂旁边,原是高等学堂的附属中学,因前任校长刘士志先生力争,才成为一个半独立性质的学校,改名为"分设"。这所学校属省官办,设备齐全又有钱,加上刘士志本人的名气,在成都是许多富家子弟都渴望进入的学校。

刘士志在省教育界和学校里威望很高,他对学生严厉,学生却服他。后来,刘士志和四川总督赵尔巽产生矛盾,一气之下远走京城,不久因病客死异地。

郭开贞和张伯安来到分设中学,见到的校长叫都静阶。他的姓很奇怪，人长得也怪，棕黄色的脸上翘着一副八字胡，额头往前突出，很醒目。头戴一个平顶便帽，上面镶着一个红色的珊瑚石，说话、走路犹如木偶般机械。有人给他起了个绰号叫"都喇嘛"。

"都喇嘛"见到杜先生开的介绍信，马上叫门房传两个孩子进去。开贞进去前又把另一封王畏岩先生写给郑先生的信交给门房，请他转呈郑先生。

"都喇嘛"当着两个孩子面，认认真真地阅了一遍信，抬头审视了一会儿开贞和伯安，突然开口问：

"你们带笔墨来了没有？"

"没，没有！"两个孩子未曾想见面第一句会问这话。

"唔？你们是怎么搞的嘛，想插班，又不带笔墨，怎么考你们呢？"

"我们没有想到先生今天就要考试。"

"唔，今日不考，等到几时啊？同学们都在上课，你们进来时没见到？学生的光阴怎么好晃荡过去？"

都校长正在训两个不知所措的孩子，郑先生拿着信来了。他是学校的国文教师，见状忙把王畏岩的信递给都校长，"都喇嘛"打住话头看信，看罢把信扬扬说：

"那就这样吧，郑先生，请你出一道国文题测试一下他们。"

"讲堂在上课，恐怕没有地方。"郑先生说。

"就在这里吧！"都校长指指监督室的桌子。

郑先生赶紧去找曾监学备卷子、出题。开贞和伯安初来乍到，学校里没有熟人，"都喇嘛"主动地说：

"笔墨我借给你们。"又补了一句，"不过你们两个孩子不要辜负了我这里上好的笔墨啦。"

考试进行得很顺利，唯一的一道国文题是"士先器识而后文艺"。都校长限两个小时交卷。

开贞和伯安坐在校长室客厅的茶几边，一左一右，没有人监考，只有都校长不时走进来看看。下课铃响时，几个不大的学生跑来，隔着门冲他们扮鬼脸，开贞知道他们在笑话自己的头发少和伯安的一只眼睛。

两个钟头后他们交了卷，都先生挺满意，捋着下巴颏说：

"唔，还好，还好，明天你们就可以进来了。"

"都喇嘛"找到曾先生为他们定班，两人讨论了半天，才决定两个孩子插入丙班，中学分甲、乙、丙、丁四个班，属于四个年级。

开贞和伯安知道自己分到了丙班，明天就可以上学，都有点喜出望外。没想到两个从远乡僻壤来的孩子，又是被斥退过的，竟然这么轻而易举地就考上了省里数一数二的中学。

回到旅店，两人都犹如在梦里。五哥和同乡们听到这个消息，也都欢欣鼓舞，就好像是嘉定的人中了状元一般。

五哥很想尽快地把这个消息告诉远在沙湾的父母，也让他们分享快乐。

开贞问五哥："我真的可以上分设中学了？"

五哥信心十足地说："当然，你是考上的！"

进了学堂，郭开贞才知道，这里还有两位旧同学。一位是小学里的同学，现在在丁班。另一位是嘉定中学的宿君，就是那年吃了监学一点剩辣子后被斥退的同学。他入校早，插在乙班。

这一夜，郭开贞做了一个梦，他变成了一只五彩鸟，展开双翼在蓝色的天空中自由自在地飞翔！

二、火焰之舞

郭开贞梦想进成都，梦想进成都的学校，已有很多年了，今天终于成为现实。一个美好的梦想终于被一种现实代替之后，他才发现，现实其实并没有梦境中的那般美妙。

进了分设中学仅仅两个礼拜，郭开贞那天真的想法就变成了泡影。

他甚至觉得，成都的学校和嘉定的学校，虽然地位不同，但腐败平庸的风气可以说是半斤对八两。那些打着官腔、拿着官架的教职员，那些只知玩乐享受、骗文凭的学生，真让他失望到了极点。

白天，学校里是喧闹的，他要适应着纷繁复杂的环境和事物，只有夜晚来临，星月升空，他才能从繁忙的环境和思绪中钻出来，走进自己那片思维的小天地。他一个一个地把白天上课的教书先生"请"出来，重新过目。

开贞还没有记住讲经学的先生叫什么，据说是成都鼎鼎有名的名士。每次上课，他都夹着一本《左传事纬》走进课堂，然后，一板一眼地照本宣科。

教国文的先生，老是翻来覆去念一部《唐宋八大家文》。

历史先生上历史课，让人感觉只是在拉一张历代皇帝的世系表和朝朝代代的年号表。

还有那些教数理化的老师更可怜，连教科书都读不清楚，倒要学生来提示他们。

再说那位一口浙江话的英文教员，因为是省提学使衙门的英文科科长，所以每次来学校都是坐着四人抬的弓杆大轿。同学们告诉开贞，这位上海教会学堂出来的先生姓徐。这位徐先生虽然穿着开贞从没见过的海虎绒、银丝缎的衣服，戴着金丝眼镜，嘴里镶着金牙，但他一开口说英文，便让人笑掉大牙，真不晓得这样的人是怎么钻到衙门中当上英文科长的。

有时候，开贞听这些教员在上面得意扬扬地讲课，误人子弟，真想大喊一声：你们快下去吧！可他知道自己不能这么做。在嘉定被斥退的教训,他不是轻易就能忘掉的。

他对张伯安说:"在这种学校待下去,不会有什么收获,我们去别的学校看看吧!"张伯安劝他:"连分设中学都如此情形,别的学校怎么样,还用说吗?我看还是将就着吧!"

开贞想想,伯安说得有道理,换个学校弄不好还不如这儿呢。

老师的情况如此,而学生里不认真学习、混文凭的更多。难怪有人编了顺口溜:"学堂大门开,有钱请进来。"只要你有钱并且肯出钱,买一纸文凭就像买一块布一样。开贞就看到过,一些连小学才只读过一两年,大字写不满一斗的学生,交足了五年的中学学费和一些名目的手续费,立刻就得到了响当当的中学毕业文凭。得文凭者像成名的举人一样,可以回乡下去耀祖光宗,也可以当作上高等学堂、政法学院,或进京读书当官、出国留学的敲门砖。

这些腐败现象,对真正刻苦学习的学生来说,无疑是个沉重的打击。

这些现象使有着强烈的自尊心、上进心的郭开贞先是失望、焦躁,继而是愤懑、烦恼!初上中学时的热情很快消失了,他整天闷闷不乐,与酒为伴。伯安见开贞与初进分设中学时判若两人,也非常不安,好友整天沉湎于酒精之中，无异于是慢性自杀。伯安决心找开贞好好谈一次，设法让他重新振作起来。

那天下了课，开贞又拉伯安去喝酒。伯安说："我们今天不出去喝了，就在寝室吧，我那里还有一瓶大曲酒。"开贞先是不肯，又看伯安坚持不出去，才说：

"好吧！上你那也行，你必须让我喝够！"

伯安和开贞来到寝室中，一边一个坐在堆满东西的桌边。伯安打开瓶盖，斟满两只小酒杯，递上一只给开贞，说道：

"开贞，我知道你心情不好，这一杯算是我给你用来浇愁的吧！"说完，他举起自己那杯先喝了下去。

"唉，其实这才是'抽刀断水水更流，举杯消愁愁更愁'呢！"开贞也一饮而尽。

伯安又想将桌上的酒杯斟满，开贞手快，一把把酒瓶抓了过去，他一翻手腕，小半瓶酒倒在了桌子上，开贞顺手拿起桌边一盒火柴，抽出一根，轻轻一擦，火柴燃起。

伯安不知开贞要干什么，还未及开口问，开贞已把火柴丢在了倒在桌上的酒液中。顷刻，桌面上蹿起一片淡蓝色的火焰，一股浓烈的酒精燃烧的味道，直刺两人的鼻子。

火焰之舞变缓变小了，渐渐地只剩下一两点残焰，最后挣扎着跳了两跳，熄灭在桌上。桌面留下一大片焦煳的疤痕，像一张受过严重伤害后未完全恢复的脸。酒液几乎全被烤干了。

"伯安，这桌面就好像是我这颗被酒液烧灼的心。我知道酒不是好东西，它损坏了我脑中多少细胞。"

"你既然清清楚楚懂得酒的危害，干什么还要故意折磨自己呢？"

"我是赌气才吃的呀！"

"这种气怎么能赌呢？你忘了在嘉定中学'转转会'的教训了吗？"

开贞没有回答，目光注视着焦煳的桌面。

伯安晃了晃酒瓶，酒在瓶中泛起了浪花，他又斟满两杯酒。

对于好友的良苦用心，开贞心里是明白的。跟伯安交友这么多年，他知道伯安比他沉稳得多。伯安有着别人不具备的数学天分，他能够在数字的增减变换中，找到自己的乐趣，得到心灵的满足。而开贞则不能，对于国文和文学有着执着的爱的开贞，对数学却缺乏起码的兴趣，这是源于一种不知来自何时何方的、莫名其妙的畏难。一句话，他不喜欢数学。

伯安在分设中学里，能找到自己奋斗的目标和感情寄托的方式，而开贞却没有也不能，他只有用酒精来淘洗忧郁、愤懑的心灵。这些，好友张伯安能理解吗？能感受得到吗？

"实业救国之路，对于我来讲，是何等艰难呵！"开贞

又举杯一饮而尽。

张伯安自然是不太明白好友怎么会正喝着酒蹦出个"实业救国"来。对于两个十几岁的少年来说,这四个字的分量,以及它们所代表的意义,他们还很难弄得清楚。同学们中间,有时会发发感慨,但真正付诸行动,似乎还是个较为遥远的事。

开贞的酒后感叹,并不是没有根源的。他那颗富于想象的心,已经飞得很高很远,正因为如此,他才不甘于处在分设中学目前这种状况。大哥是他心中的榜样和楷模,他也要像大哥那样,成为国家栋梁之材。实业救国是不能离开理科的,可他偏偏有点怕数字;对那些文学的东西,应该轻视一点,他又偏偏兴趣很浓。他搞不清楚:为什么喜欢学的东西,不一定用得上,而能派上用场的东西,他又不喜欢?这种矛盾的心理,就是对好友也是难以道清的呀!

不管怎么说,开贞对伯安的关心还是很感激的,为了不使好友过于担忧,他又把话题转到了文学方面,海阔天空地聊起古今中外的文人雅士。看到开贞神采飞扬的样子,张伯安心里松了一口气。

三、驯服"溜溜马",宏论望江楼

郭开贞并没有改掉吃酒的习惯。不久,他又结识了几个"酒逢知己"的新朋友，一个姓罗，一个姓李，都是和开贞他们一起进校的插班生。据说，这两个学生都是都校长的同乡。

姓罗的学生比开贞年长一岁，也插进了丙班。开贞慢慢地了解到，罗同学的求学经历是够曲折的。前几年罗同学曾去日本留学，在成城学校上了没几天课，就因参加学生运动被遣返国内。回国后，他在上海读了两年公学，最近才返回四川。一个去过日本、到过上海的人，还能回四川再度上省里的中学，这是要点儿勇气的。别人留洋回来，头上顶个"博士""硕士"的帽子都要攀高枝，当个官或教授什么的，罗同学能屈尊再造，是要顶住不少闲言碎语的，单这一点就挺使开贞佩服。自然，罗兄重读中学也有他自身的原因，开贞同他谈话便感觉到，罗君的那点科学文化知识，连自己都不如。

开贞和罗君很合得来的另一个原因，是罗君手头有一部英文的书，书名叫《迈尔通史》，不用说，这部有着厚厚硬皮封面的英文书，是他从国外带回来的。开贞见他把书放在一个精致的书匣中锁着，很少拿出来看。开贞和罗君平时在同一个自修室学习，他总是找机会向罗君借这本书看。罗君不很情愿，又说不出不借的理由。

开贞的英文水平也是有限的，书借到手，他便如饥似渴地读。他遇到陌生的单词，就借助字典，用铅笔轻轻地注写到书页上，这一行为让罗君非常反感。他蹙着眉头对开贞说:"你怎么可以在别人心爱的书上乱记乱写呢?这可是一种读书道德,你要再这样,我坚决不借给你看了!"

说罢,他把书拿过去,郑重地用橡皮把开贞注的铅笔字一个一个地擦去。然后,小心翼翼地把书置放到书匣中,锁好。

过几天,开贞照样向他借这本书,照样翻字典,照样往书上写,而罗君也照样说,照样擦。

两人的友谊并没有因此而决裂。

另外一个插班生朋友姓李。那天,他对开贞自我介绍时特别强调:我姓李,木子李。

木子李是一个典型的悲观主义者。他很小就失去了母亲,后母对他很不好,开贞听他讲身世时,不由得想到了柳絮棉衣的故事。开贞格外同情木子李没有母爱,也想象不出,没有母亲疼爱的童年,会是个什么样子。

木子李对开贞说:"我觉得她迟早会毒死我的。因为对于她来说,我是个多余的人。"

要毒死自己孩子的女人该是个多么可怕的女人啊!开贞默默地想。

李君对开贞是无话不说的。李君插在丁班,两人虽不同班,但他们住在同一寝室,又在同一自修室学习。

木子李的生活际遇,使他养成了对什么都不在乎的懒散性格,他早晨从来没有按时起过床,有时甚至要监学到床上去拉他起来。拉的时候,他还会哼哼呀呀地假装这里或那里不舒服，弄得每早负责点名的监学无可奈何。大概是他的不幸身世吧，再加上又是都校长的同乡和其他什么关系，监学先生们大多对他睁一只眼闭一只眼，给予格外关照。

这关照更害了李君。开贞本身已是学校中感到失望的一流，与李君相比，则差得远了，木子李甚至公开在学校中扬言，我是什么也不想学了，学校斥退我吧，斥退了我才高兴呢！

郭开贞曾亲耳听他说过："就算我把书读好了，还不一样要被后母毒死。"

李君的家就在成都，对于开贞他们这样的外乡人，他是个不可多得的热情向导。每次出外游玩，李君就像换了个人似的，大自然的力量，能暂时改变一个人的性格。

在成都分设学堂，郭开贞无法寄希望于学业，便寄情于游览名胜古迹。

学校明文规定，每天下午四五点钟后，学生可以出校去活动。学校离城墙很近，大家就跑到城墙上去看风景。

成都的城墙又宽又平，上面可以并排跑几辆汽车。

开贞和几个朋友站在平坦高大的城墙上，看着南校场一带的马路上跑着来来往往的新式马车。

开贞、伯安、罗君和李君，外加几个嘉定同乡，每逢周末都要喝酒，喝酒也要喝出情趣来。成都多雨少晴，如周日下雨，他们就在城里找一个地方；若是天晴日朗，他们就必定要到城外去寻访名胜古迹。百花潭、草堂寺，离得又近，大家不知去了多少次了。

成都每年三月都要举办花会，这期间，去往草堂寺的大路小路上，就会挤满了赶花会的城里人。这种时候，他们是不会再去凑热闹的，顶多爬上城墙，看看涌向城西的人潮，发发感慨。

东门外的望江楼，也是开贞最愿意去的地方。登上楼顶，眺望濯锦江从远处流来，又从脚下流去，那心情是难以用笔墨描述的。如再有一两叶扁舟在挂着薄雾的水中轻荡，更撩得人心里痒痒的，想把酒吟诗。

开贞每次游望江楼，都要去看楼边不远处那眼"薛涛井"。这口井很有点来历，因唐代在蜀的一位女校书而得名。薛涛能文善画，她还用这口井的水制造了一种精美的纸张，这种纸张人称"薛涛笺"。薛涛井的水质非常好，清洌甘甜，于是就有人在井边建起了茶店，用井水煮茶供游人品尝。游人喝得诗兴大发，便在附近的石壁上题诗写字，题得多了，又成一景。

一个礼拜日，开贞、伯安和一班朋友商量骑马去望江楼。他们雇了七八匹马，浩浩荡荡地穿城往东门外去。大家骑在马上，一路说说笑笑，好不威风。

开贞骑的是一匹黑马，在一群马中属于"少壮派"。这些马大都瘦弱年老，又天天被游客骑来骑去，早就磨得性情全无。平时，任你游客怎么催促，它们只是慢慢地走,被逼得急了,才跑上两步,你一放松,它们又踱起了方步,成都人都叫它们"溜溜马"。

在城里,大家都没觉出马走得慢,街上人多车多,走得慢不容易出事。出了东门,路上的行人一下子少了许多,道路空旷起来,大家的心却躁动了。

"开贞,快催你那黑马跑起来!"后边有人叫着。

"跑呀!跑呀!"大家都跃跃欲试。

开贞骑着马走在队伍的最前边。他用双腿使劲夹了一下马肚子,黑马跑了起来,后面一片欢呼,跟了上来。谁知跑了没有一百米,黑马忽然放慢了步子。原来前面两个军人正牵着两匹高大的军马,在街上闲逛。黑马跟在军马屁股后面,说什么也不愿往前跑了。街上的行人,见到一队学生骑着马优哉游哉地走在路上,都仰着头看他们。

"快点儿,快点儿呀!这样乌龟爬的速度,到望江楼怕是太阳都落喽!"后面的人在催着。

开贞也很着急,使劲用柳条鞭子抽打马屁股,无奈任你鞭打上火,黑马就是不肯跑。

伯安见状,也跑过来帮着抽打。噼噼啪啪,两根柳枝抽得皮破枝折,黑马似乎毫无感觉。

"这该死的东西,非逼我使最后的手段了。"

开贞甩掉柳枝,抽出身上带的小刀子,用刀柄在马屁股上戳了一下。这一戳可不得了,刚才还懒洋洋的黑马,突然暴跳起来,四蹄跃起,想把马背上的开贞甩下去。开贞手快，一下抓住马鬃，死死不放手，才没被甩下来。

黑马见举动没有得逞，于是更加暴怒，带着开贞在街上狂奔起来，人们惊慌地向两边躲去，为狂马让出一条路。

后面的同学，看见黑马忽然发狂，都大叫起来：

"抓住呀，开贞！抓住！"

也有的喊："闪开道，闪开道！"

开贞只觉得耳旁呼呼风响，两边的景物一闪而过。他反复念叨着一句话："马儿跑得凶，一把抓住鬃。"两手像与马鬃粘在了一起，死死不放！由于两腿夹不住马肚，屁股竟像农村打场的连枷一样，在马鞍上左右上下地乱敲乱打。

黑马狂奔着冲出大街，拐上一条田间小道，又奔了一阵子，才在道边一个小土地庙前，突然刹住了脚。惯性把开贞像皮球一样抛了出去，直到这时，他仍没有松开马颈上的鬃毛，总算没有摔伤。

马喘着粗气立在那里，静静地看着落地的"骑士"。

开贞倒在地上，好久动弹不得。心仿佛要爆裂开，周身上下的骨头节，犹如散了架子，屁股也火烧火燎般的痛。他闭上双眼，静静地躺了一会儿，心想：总算没被这匹畜生半路甩下来，要是那样，恐怕已不是现在这个样子了。

开贞活动了一下胳膊和腿，虽然酸痛，却都还能动，说明没有什么大问题。

他抬起头看看,望江楼远远的,在濯锦江的那边。伯安他们在哪?他隐约记得,黑马狂奔时,他们的声音越来越远,最后在耳边消失。他回头去找马,黑马大概也跑得累了,正在不远处的草地上吃草。

"郭君,你摔得怎么样?"张伯安和罗君不知何时来到身边。两个人跳下马,把他强扶起来。开贞挪挪脚,一阵疼痛直钻心里,他"哎哟"了一声,两个人赶快又把他放坐在地上。罗君跑到附近去雇了一乘小轿子来,扶着开贞上了轿子。轿子在前边走,张伯安和罗君牵着三匹马跟在后边,向望江楼走去。

郭开贞在望江楼休息了好一会儿,才慢慢地缓过劲儿来。他试着坐起来,身上已不是那么痛,精神也好了许多。

酒友们已将酒菜摆好,伯安说:"今天的酒有话题了,为郭君压惊!"说罢,大家把开贞连搀带扶地拥到了桌边。

开始,开贞的话不多,只是听别人在那里说。可是酒过三杯,他的话也多了起来,刚才那狼狈的境遇早就丢在了脑后。

"我今天可算是尝到了狂飙突进的滋味,最后到底是没有被它治服,反倒征服了黑马。"

"祝郭君征服烈马!"伯安举杯,大家跟着响应。

喝着酒,大家又把话题转到国家大事上。这个话题比起骑马的话题来,要沉重得多。平时积蓄在肚子中的不平和牢骚,都被发泄了出来。

罗君拍着桌子吟咏:"我们站在这望江楼头,真像当年的陈子昂,'念天地之悠悠,独怆然而涕下'呀!"

大伙儿你一言我一句地骂学校的腐败、教职员的腐败,又转而大骂学界的腐败。

"看到这些,我真想有一天,冲出四川,到北京、上海去。我大哥在日本留学,如果有一天,我也能跨洋过海到他身边去,那我一定会发愤苦读,学成回来报效国家。"

开贞的感慨尚未发完,罗君就站了起来。

"郭君及诸君,"罗君有点咬文嚼字,"不是我打击你们,天下老鸦一般黑,你走到哪里都一样。欧美我虽然没有去过,但听说,博士文凭一样可以用钱买。有多少留学生买得这种文凭回来骗钱、骗官?"

"那日本也是这样吗?"张伯安问。

"一样!我总算还去过一段时间,告诉你们,日本鬼子是很穷的,你只要付钱,用不用功都给文凭。有了这一张纸,就算你连日本话都说不好,也是博士、硕士。"

"北京、上海的大学,总不至于也如此吧?"开贞说。

"哼!京沪的学校!"罗君一副看破红尘的面孔,"先不去说几所施行奴化教育的教会学校,国立、私立的大、中、小学,哪一种不是骗鬼的地方?有志有才的教员稀少,有志有才的学生更少。连'啊,啊,我是个小蜜蜂'

都读不来的学生,都抱着厚厚的外文书装样子。"

开贞不同意罗君的看法,虽然罗君去过不少地方,还留过洋,不过这种一切都看不上眼的观点也太偏激了!

"照我看来,还是在省里本本分分地学,看我们自己的教材,或许还能够学到点真东西。"罗君止住了话头。

"管它那么多呢,"一直闷头不语,目视濯锦江的李君,终于开了口,平时聚会,他很少言语,只带着耳朵,"你们这些人,能把清廷推倒不成?学校认真也好,不认真也好,中国灭亡也好,不灭亡也好,反正我是不费那心了。"

李君老是有种世界末日,或者说他个人的末日就要到来的感觉。

罗君不服,刚才一通鸿篇大论,让李君三两句话就否掉了,真不甘心。

"你可不能这么说,'国家兴亡,匹夫有责',作为一个学子,一个国人,怎能视而不见?"

另外几个人,也要插进来发表个人见解。

"算了算了,天色已不早了,大家喝完杯中物,及早返程吧!"

伯安劝解道,又带头举杯相邀。

开贞觉得不管是兴奋,还是消沉,都是学子的慷慨悲歌。他没有,也不想加入争论。

此刻,他脑子中转的是"黑马事件",再懒的"溜溜马",你刺激了它,它也会有出人意料的爆发。黑马使他的屁股吃了大苦,回校途中,开贞仍乘着轿子。

四、丙班的"终身大总统"

成都到底是四川这个西南大省的政治和文化中心,一切旧时代的腐朽东西和新时代的进步影响,都集中在这里。

郭开贞从小学起就不是一个逆来顺受的学生,上了中学后,随着年龄的增长,他和几个要好的朋友,更是时时显露出独立不羁的个性来。

进入分设中学的第二年,辛亥革命的风潮吹进了四川。作为省里重点中学的学生们,自然也被这一"春风"吹得心动了起来。

开贞他们常常在一起幻想,怎样才能遇到一个同盟会成员或者革命党人。他们私下里在那些留过洋或去过京沪的教员中找,结果看哪个,哪个都不像。于是他们又在学校的一些做杂役的工人中找,还是失望得很。

一些激进的同学,私底下传着描写俄国烧炭党人的小说。开贞也看了,但始终没有弄明白,这个革命党,为什么起了个"烧炭党"的名字。小说里的革命家生活都很艰苦,吃不上喝不上住不好,但他们都有着牺牲自己救助国家的信念。有时候,这些革命党就混在贫困的老百姓中。开贞和几个同学被小说里的人物感动得热血沸腾,但到身边的生活中去找这样的革命者,却始终遇不到。

对于开贞他们的举动,学校里的其他同学,都有些不以为然。不埋头书本,异想天开什么革命,真有点不可思议。开贞所在丙班的同学,大都是不肯闹事的,有的同学好心地劝开贞:"你没有见到吗?历来学校中爱管闲事的学生,到头来总是没有好结果的,你还不学得聪明些?"

开贞挺感谢同学的关照,其实,他自被嘉定中学斥退后,也吸取了一些教训。到成都分设中学后,他虽然也不算是老实巴交的学生,但大错是不犯的。

可能是出于反叛性格和天性,不管开贞如何约束自己,那种天不怕地不怕的脾气,还是时时有所表露。

这一切,当然也瞒不过同学们的眼睛。

开贞刚进分设中学不久,学校要为刘士志先生开追悼会。刘士志先生就是那个与四川总督赵尔巽不和,愤然辞去分设中学校长去北京,又客死京城的四川文化界名人。分设中学是他一手建起的,为他开追悼会义不容辞。这本是顺理成章之事,并不是非法集会,可是在丙班,竟然选不出个带头的来筹备这事。最后不知是谁想到了才进班的郭开贞,大家一致举手,推举他做了丙班的筹备员。

对于这个代表,开贞本可以推辞掉,因为在他进校之前,刘先生就已走了。但他竟十分痛快地接受下来,这使丙班的同学有点意外,这个许多人躲还躲不及的差事,郭开贞却乐呵呵地承担了。从此,他便成了丙班的"终身大总统",任何抛头露面的事,都少不了他了。

庚戌年十月,也就是1910年的11月,天津民众闹了一次国会请愿,三四千人参加。当时的组织者曾向全国学校发出倡议,以全国学校总罢课,支援天津。

四川属于天高皇帝远的地方。等到那边的组织者都被朝廷流放到新疆去了,请愿运动也被镇压下去了,这边的请愿才刚刚开始。此时正是各校停课复习,准备期末考试的关头。

风潮的发源地是省最高学府——高等学堂。

分设中学也行动起来,"终身大总统"郭开贞这次又是当然的代表。

那天,他们同各个学校推举出来的代表,去教育总会开会。教育总会就在高等学堂的右边,待上午十时他们赶到会场时,议事厅里早已挤满了各校的学生代表,足有二百多人。组织者似乎是个外行,任大家你一句我一句地讨论开会的方式,直到午后一点钟,会还没有正式开起来。开贞看到这种情况,非常生气,便带头在台下喊了起来:

"喂,今天到底开不开会了?"

"我们的肚子都咕咕叫了,还没有吃中饭呢!"

"到底是请愿国会呢,还是看你们争论?"

其他人也跟着发起牢骚。有些人开始用鞋底擦磨地板,表示抗议。

"好了,开会了,开会了!安静一点儿!"

几个发起人争着叫,不知道该听谁的,会场上依然乱哄哄的,毫无秩序。

正在混乱之中,有几个学生拥着一个面孔瘦削、鼻梁上架着一副近视眼镜的人,上了讲坛。这个穿着马褂的人,约莫三十多岁,看风度像是一位先生。

"别嚷了,大家静一静,现在请刘子通先生讲话。"几个学生扯开嗓门喊着。

听说是刘子通先生,会场一下子静了下来。

郭开贞早就听说过刘先生的大名。他是湖北人,在铁道学堂当教习。成都的学生界都很佩服他。

学生们都瞪大了眼睛、伸长了耳朵听刘先生讲话。

"同学诸君!我们今天开会的目的是什么?是要请愿早开国会。可我们这样没有组织,什么事也做不成。"刘子通批评得大家心服口服。

"我看今天最重要的,是先推举出一个临时主席,然后再来讨论本会的决议……"

刘先生又一二三四地讲了许多内容,大意是组织一个常务机关,派代表去见咨议局长,再请四川总督代奏早开国会的建议。刘子通的话还没说完,下面便沸腾起来,有的同学高声叫道:

"我们推举刘先生为主席!"

"我们推举刘先生做代表!"

"我们推举刘先生当起草委员!"

开贞也跟着代表们一起叫着。长这么大,刘先生是他遇到的第一个让他彻底信服的先生。他觉得刘先生有点像他寻找的革命党人。

会议顺利地进行下去,几个高年级的学生代表当选,组成了一个常务机构,大家分头下去抓具体事务。会上形成了三个决议:一是要求明年开设国会;二是要求四川总督代为奏本;三是全省一律罢课,不达到目的,誓不复课。

散会已近傍晚,开贞和另外几位代表兴冲冲地回校去布置任务。

五、杀鸡给猴看

学生们的举动,大大地惊动了四川总督赵尔巽。这位清末朝廷重臣,当然不会袖手旁观地让学生们在眼皮子底下胡来,于是便紧急调兵遣将,来对付这些"造反秀才"。

当各校的学生代表第三天开第二次会时,成都的形势已紧张起来。

开会时间还是定在上午十时,可才八九点钟,教育总会门前就布满了武装警察和营防军。学生代表们走进会场时，看见他们的步枪都上着闪亮的刺刀。

个别怕事的学生代表，到会场里在报到簿上签了个名，便找个机会，偷偷溜走了。大多数代表依然把议事厅塞得像个火柴盒。

开贞照例作为分设中学的代表之一参加会议。

这次开会，会场的秩序井然多了，与上一次开会时的情景判若两个时代。

由于大兵压境，大会议程的第一个议题临时改变，由原来的进一步部署罢课事宜，改变为派人去质问当局为何派兵前来弹压学生。会上当场选了代表去见咨议局的蒲议长，蒲议长当即打电话问警察厅，那边回答：是奉了赵制军的命令，怕乱党生事端，特派兵前来教育总会保护大家安全的。

代表们回来一说，会场就炸开了锅。哪有上着刺刀横眉立目地保护人的？大家都说要提出抗议，于是代表们又去找蒲议长理论。一直折腾到中午，仍未有结果。

组织者宣布临时休会，吃中午饭。接着就有人送来一大箩筐一大箩筐的馒头。

学生们吃饭的时候，在门外站了一上午的军警们，也都三三两两地跑到附近的饭馆中去吃饭。只剩下几个警察，在场子上站岗，看着武器。

开贞嫌会场里人太多，就拿了几个馒头，叫上同校来的代表一起，跑到总会门口的荫凉处边吃边聊天。

一个五十多岁的警察，见他们在吃馒头，便凑了过来。开贞见他样子还挺和气，就主动打招呼：

"老总，肚子不饿吗？干吗不去吃饭？"

"不饿？"老警察哼了一声，"小先生，你们吃馒头白给，我吃饭要自己掏钱呢。"

"你们平时站岗不吃午饭吗？"

"平时有人换班，今天是专差，署长叫我们没有命令不准动。不知为什么，一大早就让我们来这儿，现在也不让走。"

"这两个馒头给你吃吧！"

"谢谢，谢谢了！"老警察真的伸手接过馒头，冲开贞他们嘿嘿一笑，大口吃起来。片刻，两个馒头就下了肚，他抹了把嘴，讨好地问开贞：

"小先生，今天你们到底开什么会？"

"我们是请愿早开国会。"

"国……国会？"老警察眼瞪得溜圆，"国会是怎么一回事？"

"国会就是全体老百姓都能管国家大事，都能说话的地方。"

"哦呀！"老警察惊骇地叫了一声，"怪不得我们署长说你们这帮学生要造反啦！"

吃饭的警察陆陆续续回来了，老警察好像还想问什么，看看周围人多了，又咽了回去，但低声对开贞他们说:"小先生,你们可要小心啊!"说罢,他紧了紧腰带,扭头回自己的岗位去了。

下午,会议继续进行。两点多钟,教育总会门外又来了一批新的巡警,一个当官模样的领着几个兵进了会场,直奔主席台上,对刘先生说:

"你就是刘子通先生吗?省提学使司要请你去说话。"

大家都劝他不要去,告诫此行是黄鼠狼给鸡拜年,绝对不会有什么好事。

刘先生平静地说:"你们放心,我们是为国家、为民众说话。他们不敢怎样!"说完,刘先生从容地随巡警们去了。

整整一个下午刘先生都没回来。会议结束后,大家各回各校,始终惦念着刘先生。

从此,刘先生便失去了音讯。后来传说他当晚就被押送回了湖北,也有的说他在四川遭了暗算。

刘先生失踪后,学生们失掉了领袖,但各校照样开始了罢课。

提学使司下达了一道很严厉的通令,禁止学生以罢课为要挟,聚众闹事,假如有不听命令的,先惩办各校的办事人。这办事人指的当然是以校长、监学为首的人了。

分设中学的校长"都喇嘛"也坐不住了。学生罢课已经四天了,正值考试的关头,学生们却不进教室,再这样下去,他校长的位子都坐不稳了。

八点钟,不管学生们是不是进教室,上课铃还是照样地响了。

丙班教室里,教英文的 H 先生已端端正正地坐在了黑板前。今天是英文考试,教室里仍空空的,一些想升班的同学,想进教室参加考试,但谁又都不愿意第一个跨进教室的门。在集体罢课的时候,谁肯去当破坏罢课的"魁首"呢!这"魁首"会遭到大家唾骂的。

监学劝了这个学生劝那个学生,好话说尽,还是没有人进去。

"都喇嘛"看到手下人说不动学生,只好亲自出马。他从甲班转到乙班,又从乙班转到丙班,费尽了口舌,终于劝动了一批满族学生。见有了效果,"都喇嘛"来了精神,他又来到丙班和丁班,带着笑脸对同学们说:

"你们还不进课堂?没看到乙班已经有人上课去了!"

他见没有人动,又说:

"你们小孩子干吗要跟着大孩子们胡闹。你们还被蒙在鼓里,高等学堂、师范学堂的大学生们都已经考完试了,他们考试,让你们罢课,上了当你们都不觉得,好蠢呀!"

不论"都喇嘛"怎样花言巧语,丙班竟没有一个人听他的。

"都喇嘛"舔着干裂的嘴唇,心里一股股火直往上蹿,要是往常,他早就拍案大怒了。可是今天不行,他眼下最主要的是必须把罢课的学生们弄进教室,让他们坐在课桌前。用什么手段和办法都行,就是不能发火,以免火上浇油。

正在心急火燎的时候,"都喇嘛"一眼看见了郭开贞,一条计策冲上心头。俗话说,擒贼擒王。他怎么没有想起来这个法子呢?他对着开贞喊道:

"郭生!你可以叫他们上课堂了!"

"连校长都叫不动的,我怎么能有那样大的魄力?"

"那你就先进教室,做个榜样!""都喇嘛"的话绵里藏针。

"大家为国家能牺牲学业,我才不做'工贼'呢!"

"都喇嘛"被开贞的话噎得直瞪眼,胡子翘了几翘。他生气地向校长室走去,没走多远,又折了回来叫道:

"张生!郭生!""都喇嘛"声音尖利地叫着张伯安和郭开贞,"你们上来!"

开贞和伯安走到"都喇嘛"站立的东廊上,这里的地势比别处高。"都喇嘛"当着几个监学和同学们的面,大声痛责:

"你们两个人,真是对不起我!在本地中学被斥退了,到成都来,是我收容了你们。啊,是希望你们能改过自新。啊,你们却又在这里和我作对,把班上的好同学都带坏了。啊,你们到底是进,还是不进课堂?不进,我就当场斥退你们!"

开贞还没有回答,伯安就愤怒地说:"士可杀不可辱,'都喇嘛',你要斥退就请斥退吧!"

伯安气得不管三七二十一,直呼都校长的外号了。

监学们见校长下了斥退令,乘机威胁其他学生:

"见到没有?两个为首的已经被校长斥退了,你们谁要再罢下去,也跟他们两个一样命运。到时候,怎么回去见你们的父母兄弟?还是赶快进教室吧!"

许多同学就这样被监学们连劝带拉地哄进了教室。

罗君是最后一个离开自修室的,他拉着开贞和伯安的手说:

"我也只好先回去上课了,你们住哪?搬出去后?"

"先回嘉定人住的旅店了。"开贞说。

"好!我晚上会去看你们的!"罗君扭头去了教室。

"我也不愿在这里读书了!"

开贞和伯安这才发现,李君仍在自修室中,他骂完了,非要跟两个人一起离开学校。

搬行李走出学校时,开贞从东廊上走过,看到教室中的同学们都在埋头考试,几十分钟前那种景象,恍惚已是几个世纪前那么遥远。校长室里,"都喇嘛"得意地高声吟诵古文,那腔调阴阳怪气的,一直伴着开贞他们走出校门。

六、1911年,成都是座活火山

郭开贞和张伯安一同把行李搬回东大街上那家嘉定人常住的旅馆时,心里挺不是个滋味。以后,分设中学这碗饭是再也吃不上了。大家都跟着罢课,可那个校长偏偏只拿他们两个开刀,这还不是欺侮他们无靠山?"都喇嘛"的鬼心眼真多,施了个"杀鸡给猴看"的小计,就让全学堂的学生都俯首帖耳地上课去了。而他们这两只"鸡",则成了"都喇嘛"盘中的小菜。相比之下,张伯安比开贞还要倒霉,伯安这个好朋友跟着他,已经遭了两次斥退,每次都不是主要负责人,却因为他而受牵连。

郭开贞想,为了朋友,张伯安受了委屈从来也不抱怨。看着张伯安,开贞又有点怀念吴尚之了,他现在在干什么?还在嘉定联立中学读书吗?当年三人"桃园三结义",今天再想聚到一起,也不是很容易的事。

想到斥退之事,开贞心里总是不大痛快。好在这次的斥退与以前在嘉定的两次不大相同,起码从性质上是不同的。那时,是因为玩、调皮,与教师对立造成的。而这次,是为了国家民众之事,似乎带上了些悲壮的英雄本色。

他对伯安讲了这种感觉,伯安也有同感。开贞还向着

学校方向低声悠长地吟了一句古人的诗:

"风萧萧兮易水寒,壮士一去兮不复还!"

没想到天无绝人之路,命运总在你最艰难的时候露出一线生机。

开贞搬到旅馆的当天,他朝思暮想的大哥郭开文回省来了,也落脚在这家旅馆。

兄弟俩分别六年了,六年别离该有多少话要叙述啊!

重逢的喜悦是无法用笔墨描绘清楚的。反正那个夜晚,郭开贞把新的旧的所有的不愉快都抛到了脑后,两个兄弟就那么没完没了地说呀、说呀,真是舒畅极了。开贞多少年没有这样痛快淋漓地找人倾诉了,他恨不得把心中的一切一切都倒给大哥。大哥就那么静静地听,不时插上一两句。

开贞讲得累了,大哥就讲他这些年出洋的经历,许多有意思的人和事让开贞听得时而目瞪口呆,时而心潮激荡。

开贞也提到自己被斥退的事,情绪有些低落,大哥反倒安慰他:

"斥退了也不要紧,明年好进官班法政学堂。"

开贞感激大哥的安慰,只有大哥才会如此了解他,理解他。开贞还有点小小的不解:大哥六年前走时,曾经再三叮嘱弟弟要学实业,以实业救国,只有振兴中华实业才能富国强兵。可如今,大哥并没有走实业救国之路,他不但自己做了个小官回来,还劝弟弟也去考法政学校,走当官之路。

这点小小的不解,开贞没有说出来,而是悄悄地默默地埋在了心底。大哥毕竟是他最难得的大哥。

时间的河流,可以在不知不觉中改变一个人。

大哥郭开文,是1905年出洋的。他去日本后,学了几年的法政。回国后,他先在上海盛宣怀的商埠督办衙门中做事。他做事认真勤恳,为人也谦和,很得上下的好评。1910年,大哥去北京,考上了法科举人,得了个七品小京官的头衔,分到法部衙门做事。这次回省,是应省官班法政学堂之聘,来教书的。

在成都,有两所出名的官立法政学堂,一个是官班学堂,另一个是绅班学堂。官班的学生都是一些官场上的候补官员以及官宦家庭的子弟,这些人出来,大都是奔着当官的路。绅班则不同,里面尽是绅士商人或他们的子弟,学成后是要走另一条发财之路的。

开贞最看不起官班学堂那些学生,腐败得让人恶心。这些封建遗少,每天上学坐着轿子,有些还大摇大摆地带着跟班。

这样腐败的地方,大哥居然还要去应聘教书,并劝开贞也去那里当学生。大哥真是离乡多年,不了解省里学界的情势啊!也正是这一点原因,开贞对大哥还是充分原谅的,大哥是从心里想为国家做点有益的事啊!

被斥退后的日子过得挺枯燥，开贞虽然每天晚上可以和大哥说话聊天，但白天，大哥总是忙于很多的交际。不是他去拜访别人，就是别人来拜访他。开贞说，他想回沙湾了，每天闲在这里实在是难受。张伯安也这么说。

大哥听了，想了一会儿说：

"过些天我们还是一块儿回沙湾吧，现在我一时还走不了，你们在这里陪陪我，好吗？"

既然大哥已把话说到了这份上，开贞也不好再急着回家了。

那天，"都喇嘛"突然光临旅馆拜访大哥，开贞和伯安故意装作没有看到他，扭头出屋去了。

"都喇嘛"是来请郭开文为分设中学甲班上法制经济课的。甲班已是中学五年级，每周要有两个钟头的法制经济课。

"郭先生如能受聘我校，将是我们莫大的荣幸！"

大哥答应了"都喇嘛"的邀请，但也提了一个条件，就是开贞和伯安的复学问题。

"都喇嘛"像是事先早有准备似的说：

"郭生和张生，平时都很用功，成绩也很好，只是不该趁着一时的感情为他人所利用。斥退只是一种手段，学校至今对两位学生未挂牌子，郭先生不说，我也早有召回两人的想法，只是未找到适当机会罢了！"

"都喇嘛"的老谋深算，见风使舵，郭开文看得一清二楚,但也觉得没有必要揭穿他,只要能达到让开贞他们复学的目的也就行了。

"那都校长的意思是什么时候办呢?"

"明天,明天就让郭生、张生回学堂读书,至于补考的事,下学期开课时再说吧!"

开贞和伯安又奇迹般回到了分设中学。

1911年,开贞仍然在成都上学。

这一年,在中国的历史上是翻天覆地的一年。辛亥革命推翻了清王朝的统治,使中国进入了一个新的纪元。天下未乱蜀先乱,天下已平蜀未平。郭开贞在成都读书的几年,正值朝代变更的时期,用他自己的话说:成都的几年,没有什么长进和收获,但唯一可以安慰自己的是,看见了保路同志会活动的经过,以及反正前后的一些大小人物和大小事变的真相。这些都是在讲堂上、课本中学不到的。

保路同志会,是辛亥革命时期四川最著名的组织,成立于1911年6月,是省咨议局一批有进步思想的年轻人发起的。开贞的三哥和堂兄,都在铁路公司做职员,有时开贞去他们那里玩,赶上开股东会,他便也跟上去看。

一次,他跟三哥去参加会议,听见会员们在讨论铁路国有问题。一位叫罗纶的胖胖的人跳上讲台激昂地讲演,令开贞十分难忘。

罗纶说,四川的父老伯叔的生命财产都让盛宣怀出卖了，而且是卖给了外国人！他大声疾呼：川汉铁路完了！四川也完了！中国也完了！接着他就站在台上号啕大哭起来。于是，满场的人也跟着大哭起来，连场边的警察也都在哭。开贞虽是旁观者，但也被这悲愤的气氛引得泪流满面。尽管年少的他，一时还弄不清"铁路国有""盛宣怀卖国"是怎么回事，但这么多人为国忧愤的情绪的确深深地感染了他。

铁路同志会和护路运动最终被赵尔巽的弟弟赵尔丰残酷镇压下去。这个赵尔丰曾被四川人称作"屠户"。他早年因血洗许多村镇，升官做了驻藏大臣。后来他接赵尔巽的班，成了四川总督。这个杀人魔王最后也没有逃脱被砍头的下场。

1911年的成都像一座运动中的活火山，不时地喷发产生影响。但分设中学的校园里要相对平静得多。"都喇嘛"对学生们管得很紧，市内一有动荡，他便命令紧闭校门不许外出。辛亥革命胜利的消息传到四川，传到了校园，学生们等不到宣布独立的日子，在头一天晚上就把辫子剪了。开贞和几个率先剪掉辫子的同学，追着那些怕事的学生和不愿剪辫子的教员，一个一个地处理，整个校园闹腾得热闹非凡。"都喇嘛"也是不愿剪辫子的一个，往常他总是耀武扬威地在学生们面前走来走去地训话，这时却成了被捕捉的对象，开贞领着学生追得他走投无路，他只得乖乖地"拜"在学生们的剪刀下。

当时，开贞和大家一样，觉得辫子一剪，革命便大功告成了，中国也就是世界上第一号头等强国了。

这种天真的认识和想法，很快就被官僚政客争权夺利的枪炮声打破了。今天这个上台当了总督，明天那个又夺了过去。叛军、难民、枪声、鲜血，学生们哪里还有读书的心情。

开贞便在这种乱糟糟闹嚷嚷的气氛中，过完了1911年。

七、年假＝春联＋保卫团

又到一年一度的年假了。

开贞离开了动荡的成都，回到故乡沙湾，有一种魂归大自然的感觉。远处的峨眉山，身边的大渡河，街巷的石板路，以及母亲那久违了的温馨称呼，都令他心醉，令他回味。

他已经二十岁了，这个年龄，在社会上该是风华正茂、奋发向上的年龄。在别人眼中，开贞已是个堂堂正正的男子汉了，可在父母，特别是在母亲心里，他还是需要百般关照的"八儿"。

在家的日子里，开贞每天都要到母亲房中请安，母亲也总是关切地问这问那，住得舒不舒服，回来习惯不习惯，饭菜可口不可口，还想吃些什么。当然有时也问些个人感情上的事，譬如，有没有中意的心上人，是不是该成家了，等等。

每当母亲问他婚姻之事时，开贞就设法找别的话题支开去。他总是觉得，那个话题仿佛离他还有十万八千里，远得很，不是他现在考虑的事。

过年，是中国老百姓的大事。辞旧迎新，家家户户总要贴上一副新的春联，以表示对过去岁月的告别和对新生活的企盼。

沙湾人也保留着这个古老的习俗。

镇场上识文断字的人原本就不多，书法好的则更少，加上书写的人还要有些诗文才华，这样，街上将近一二百户人家的春联，基本上就由那么几个人包办了。

往年，郭开贞家的几个长兄便是被邀请的头面人物，这一两年，他的胞兄、堂兄大多出了远门，每年回来过假期的郭开贞就顺理成章地成了写春联的继承人。

对于这件与人为善的事，开贞是极乐于去做的。一是别人恭恭敬敬地把你当上宾一样请到家中，拿出最好的东西款待你，这本身就是一种荣誉，也说明了你这个人在沙湾和乡亲们眼中的地位。另外，编撰书写春联的过程，也是一种享受，这种享受，只有亲自写的人才能感受。当然，你还可以借助笔墨抒发心中的感慨。一个年节下来，开贞可以为乡亲们写几十副长长的春联。

那几天,不管开贞在家里干什么,只要有人上门来请求:"八老师,到我家去给书一副春联吧!"他便放下手中的事跟来人去了。

写完一家,擦擦手还没有走,又有人说:"八少爷,能不能麻烦你也上我家去书一副?"他二话不说,又跟着求联的人去了。

在撰写的这么多副春联里,开贞有两副得意之作,一副是:

桃花春水遍天涯,寄语武陵人,于今可改秦衣服。
铁马金戈回地轴,吟诗锦城客,此后休嗟蜀道难。

另一副是:

故国同春色归来,直欲砚池溟渤笔昆仑,裁天样大旗横书汉字。
民权如海潮暴发,何难郡县欧非城美澳,把地球员幅竟入版图。

他的笔还未放下,已是一片叫好之声。谁都看得出,这位风华少年笔下的春联,比之"莺啼燕语""花好月圆"的旧句子,多了许多新内容。

这些春联,的确是抒发了少年郭沫若的富国强国情怀，也为偏僻的山乡带来了辛亥革命时代的特色。一个二十岁的青年人，希望中国这只"醒狮"能把英、美、德、法、意、奥、日、俄等列强，变成几个小小汤团，一口吞进肚中。

开贞这次回家，还参加了一件重要的事。

四川11月25日宣布独立后，很快就发生了兵变。这场兵变波及全省，嘉定也未逃过。这次兵变的后遗症，是大量的枪支流散到了民间。其中许许多多快枪和弹药落在了土匪手里，这使得四川百姓异常惊恐，没有安全感。

小小的一个沙湾，就流散了上百条枪支。什么五子后膛枪、步枪、马枪……有枪的人，都说是从变兵的手中买来的，几十元钱就能买到一支。

开贞回到沙湾，不时能听到大家传说哪里哪里土匪打劫的事。

一日，家中一远房幺叔来做客，说到想把沙湾场流散的快枪统统集中起来，组织一个保卫团，这样，一方面可以用来保卫本乡，另一方面也可以防止有人拿着快枪去干些为非作歹的事。

这位幺叔是江湖上的人，正执掌着沙湾的码头。

幺叔的建议得到开贞的极力支持，于是他们立即行动起来，串联组织。只一两天，保卫团就建立起来了，团部设在福建会馆的天后宫。团长是一位姓黎的武秀才，他在军队上当过官。军师是一位姓詹的文秀才。幺叔是参谋。

开贞和几个在外读书的学生做了文牍，主要是处理和撰写各种文字材料。开贞为保卫团书写了招兵买马的告示，几个头头看了都很满意。贴出去以后，沙湾镇上许多青年都来报名，保卫团很快便有几十支快枪和一二百名年轻力壮的团丁。

每天早晨，保卫团都在场上操练，很有些虎虎生气。保卫团成立时间不长，就发挥了作用，有一次邻近乡里有了匪难，开贞带着一班人马去解救，抓住了匪徒，就地在村外正了法。

这支自发成立的队伍，得到了沙湾镇乡亲们的认可和拥护，但也遭到一些人的反对。沙湾有杨姓本地大户，历来就与客籍的福建人不和，见这边组织了保卫团，他便也拉了几条枪建了个保安团，这个杨朗生自封团长。他放出风来，说早晚要杀了开贞的幺叔。杨朗生依仗杨家势力，常常欺辱乡邻。

一日，杨朗生带人到上场抢了一户姓杨的寡妇家，就因为寡妇的儿子加入了保卫团。这帮人搬着抢来的东西从郭开贞家门前走过，还故意朝天放了几枪示威。

寡妇哭着跑到保卫团团部告状，刚好她的儿子也在这里。团里上下都怒火填膺，纷纷表示非要教训教训杨朗生不可。

幺叔早就想收拾这个狂妄的家伙了，于是带了二十多个团丁去攻打下场的保安团团部火神庙。乒乒乓乓一阵枪击,大家就攻进庙中,夺回了被抢的物品,杨朗生却跑掉了。他知道被保卫团抓住会是什么结果,所以战斗还没开始就溜了。

没抓住祸首大家都不甘心,幺叔说:"脸皮扯破了,不除祸根,往后也是后患无穷。走,去杨家大院!"

大家又涌向住在下场的杨家。有人突然想起场上有两尊牛耳大铁炮,这是以前护乡用的,多少年来闲置在那,成了装饰物,杨家墙高院深,推了来正好派上用场。

两尊大炮瞄准了杨家紧闭的大门,时值半夜,两个年轻的炮手点火发炮。轰隆一声,一炮发威直轰大门,另一炮却倒灌出来,火焰喷了两名炮手一脸一身,虽经同伴及时将两人置入"备用水缸",但因烧得太厉害,都当场牺牲了。

保卫团冲入杨家,仍没抓住杨朗生,又无端牺牲两名团丁,大家更不肯善罢甘休。有人说:"杨家在场外峨眉山边上还有一处老宅子,他准保是藏在那了!"

幺叔一声号令,队伍又前去攻打老宅子。

杨家老宅子离开贞家私塾的后门只有五分钟的路。院子和墙都比城里的高大。听说保卫团要攻打杨家老宅,去抓杨朗生,整个沙湾镇都震动了。第二天清晨,人们都爬起来前去观战,甚至忘记了枪炮的危险。有些平日里受杨家剥削欺侮的乡民,还带了梭镖、牛角叉、柴刀之类的武器前去助威参战。开贞是保卫团的人,当然绝不能不在现场。他看着杨家老宅前的火光和乡民的呐喊，觉得这有点像农民起义。

这边还没有开始进攻，院里就往外打枪了。幺叔满有把握地说："杨朗生肯定躲在里面。弟兄们，打呀！"牛耳大炮又怒吼了。只一炮就把杨家老宅大门轰出了个大洞，团丁蜂拥而上，用乱石砸开大门，边打枪边往里冲，双方互有伤亡。

保卫团占领杨家老宅后，没有见到杨朗生的人影。幺叔分析，院子围得水泄不通，这个家伙跑不出去，一定藏在了什么地方。搜！大家前院后院屋里廊前地搜开了，用了两个多小时，终于从一间房子的地板下把杨朗生抓了出来。

"把他拉到大渡河边崩了！"

人们叫着。

保卫团雄起起地押着垂头丧气的杨朗生从街上穿过，两边围观的人嚷着打他，沙湾多少年来没有出现过这么热闹的场面了。

杨朗生被绑在大渡河边一棵孤零零的槐树上，脚下是光秃秃的沙石河滩。郭开贞看见，这个比别人高出半头的大个子，头发乱蓬蓬的，左额有一道凝着血的刀伤。他埋着头，闭着眼等待最后的宣判。

处决的命令是幺叔下达的，一共打了七枪，打一枪，观看的人们就怒吼一声，声浪都压过了大渡河的涛声。

除掉了杨朗生，沙湾的老百姓都觉得心头搬掉了一块大石头。可是还没高兴上几天，嘉定城衙门来了一队兵，当众宣布了县知府的两份公示：命令保卫团解散，传保卫团黎团长、詹军师，以及参谋幺叔，进城过堂。

原来杨朗生被处死后，其父杨敬臣进城到府县衙门告了保卫团一状，姓李的知府与杨家有些拐着弯的关系，于是杀恶霸的倒成了有罪人。

听到城里府县衙门来人的宣布，保卫团的人都火了，有人说："这不是黑白不分了吗？为乡亲们除害反倒成了罪人。"

"管他的，咱们八九十条快枪，拉到成都去参加军队，准保成了一个营。"

幺叔也赞成去省城投军。

开贞也说："大哥在省里当交通部长，要不咱们去找他，不信干不过嘉定知府！"

偏偏黎团长和詹军师不同意，他们认为去府县衙门也未必就败了，事情还没有发展到那一步。先跟他们到大堂上去论理，实在不行，再想别的办法。

大家看两个头领非要这么干，也就打消了去省里的念头，一些年轻力壮的人和保卫团里的骨干分子都自愿要求随他们三人同往嘉定。大家说，如果府官偏袒杨家，不讲道理，那就一起请求衙门处置，有难同当。

结果案子果然按照几个头领所预料的，比较顺利地了结了,虽然保卫团因此而解散了,但杨朗生父亲想翻案报仇的打算最终没有得逞。

八、受难的婚姻

1912年初这个年假,真是个多事的年假,除了保卫团的事之外,还有一件对郭开贞来讲更重要的事,就是他在年假中经历了一次受难的婚姻。

郭开贞早在十岁以前就订过婚,后来开贞十四岁读小学时,女方得病死了。过了几年,父母又为他的婚事奔忙,先后有几十起提婚的,都被开贞用"不忙"两个字打发掉了。辛亥革命爆发的这年暑假里,母亲又一次郑重地对开贞说:

"八儿,你父亲多病,娘也老了,你的兄弟妹子又渐渐地长大成人,你再不考虑这件大事,就要影响弟妹的终身大事了。"

母亲说了一个笑话:本地的一个姓陈的暴发户,想把自己一个呆傻、老挂着鼻涕的四姑娘许配给开贞,已正式上门来提过亲,真差点把母亲气死了。姓陈的走后,母亲对家人说,儿子就是再没人要,当一辈子鳏夫,也不会娶这么个姑娘呀!

母亲开玩笑地问:"难道你真的等着娶这么个姑

娘吗?"

开贞知道母亲这桩心事不了,是一日也不会踏实的。

回学校不久,三哥就拿了一封家信给开贞看,信上说,母亲已为开贞订了婚,女方是苏溪场张家的闺女,人品好,又读书,还是个天足。开贞虽不情愿,但想想不过是订婚,真正结婚,还说不上哪年呢,也就没表示不同意见。

到了年假,母亲突然拿了一封信对开贞说:

"八儿,苏溪场的张家来信了,希望赶这个年节给你们完婚。我和你爹商量了,也想这样,如今天下这么乱,你们早点结了婚,我们也就放心了。你看有没有什么意见?"

母亲这么一征求意见,郭开贞真有点不好回绝了。他想,反正也订婚了,而且据说女方也不错,就答应算了。

见儿子终于同意结婚了,母亲高兴得什么似的。接着几天,她就开始忙里忙外地为儿子张罗结婚的事了。

结婚的日期定在阴历正月十五,家里整整忙活了两天。

头一天郭家派了轿子去女家迎亲,男方在家准备,幺叔派了二十多名保卫团团丁扛了快枪护轿,浩浩荡荡地奔五六十里外的苏溪去了。要第二天才能把新娘接来。

白天,开贞的父亲和家里人招呼接待邻里亲戚,开贞却一点儿也喜悦不起来,他隐隐觉得自己是个悲剧人物。

整个一天,他感到格外漫长。

晚上,他来到母亲房中,见母亲正从衣柜里翻找他日常的换洗衣服,看到他进屋,就说:

"你这些衣裳明天该拿到自己房里了,我替你收拾好!"

"娘,我看还是不拿过去。"

"那怎么行?娘管了你二十年,现在有人服侍你了。"

开贞听见母亲的声音有几分伤感,他沉默地低着头,母亲也沉默了。好一会儿,母亲才说:

"早些去睡吧,明天你还要劳顿一天,说不定晚上都不能睡觉。"

开贞又坐了一会儿,才站起来去厢房睡觉了。这一晚上,他心里一直有种凄凉的感觉,梦里还不知不觉地流了泪。即将到来的新娘是什么样的,他心里没有一点底,不知上苍赐给他的是幸福还是苦难。

第二天新娘的花轿到时,沙湾镇半个镇都喧腾了。铁铳的轰响、锣鼓喇叭与鞭炮的响声混合在一起,把所有人的心都撩得火爆爆的。

花轿进了门,接着是一系列烦琐的传统仪式,开贞像个木偶一样,任人摆布。总算是该撩轿帘请新娘下轿了,他一眼瞥见迈下来的却是一双三寸小脚,头"嗡"的一下就蒙了。等到三叩九拜行完交拜礼,来到洞房揭新娘的红盖头时,开贞心里大叫了一声,几乎晕了过去。他看到的是一对朝天的猩猩鼻孔。

晚上,开贞不在洞房中陪新娘,却独自跑到厢房中去睡。父亲和母亲急得不行,过来看了他好几次。父亲以为他因劳累生了病,母亲却知道他的"病根"是不满意这桩婚姻。

夜深了,母亲再次走进厢房,来到他的身边,对他说:

"八儿,你这种样子是使不得的。娘也是一番苦心,谁晓得幺婶会看错人呢?"

她见开贞闭着眼睛不说话,又说:

"脚小以后可以放嘛,明天我就让她放。长得不如意一点,你也不必灰心。只要性情好,资质高,我再教她一些礼节,大概错不了。诸葛武侯娶的不也是丑妻吗?男子汉大丈夫,不能在这上面灰心!"

开贞听着母亲的话,觉得也有道理,但他仍然沉默不语。

"八儿,你实在是不懂事。你父亲为你这婚事操了多大的心,这两三天奔走应酬,忙得都快吐血了,好容易总算是给你办完了事,刚要松一口气,你又来让他苦闷。你这种做法哪里像个儿子,哪里够得上一个人?"

很少发火的母亲,生气地责备了开贞。开贞偷偷看母亲,她的眼圈红红的,泪水已在眶中打转,于是心就软了下来:既然已陷入了命运之网,遭受了苦楚,何必还要把这种难言的苦楚转嫁到父母的身心上？开贞爬起来对母亲说："你别难过了，我回房去，这就回去！"

这一晚上，开贞喝了好多酒，大醉酩酊地睡到了第二天天大亮。

第二天，开贞头昏眼花地陪着新娘子"回门"。走的是水路。他昨夜大醉，河风一吹，便大吐起来。新娘叫伴娘送了些蔻仁来，一会儿又把自己抽的水烟袋送给开贞，开贞不会抽，赶忙谢绝了。

船行至水场口，一行人登岸，又往西走了十里多路，时至中午，才赶到苏溪。苏溪是因苏东坡当年到过而得名的，手工业很发达，嘉定的绸缎就产自这里。

开贞在场外一片古松林中下轿，被人引着蹬上石阶，进入一个天井很大的四合院中。岳父亲自接待，同样是耍猴子般被指示做着各式礼仪，究竟拜了多长时间，东一个、西一个地磕了多少头，开贞都弄不清楚了。

拜完了又吃宴席，吃喝完了，一大群人又热热闹闹打牌。开贞坐得心烦意乱，就借故溜出来，跑进边上的耳房中找书看，他在尘封的书架上居然找到一部《文选》，打发时间地看着。半夜了，打牌抽烟的客人们都陆续走了。其中有四个扛着前膛枪的，岳父还亲自到大门外送行。

开贞想：张家还有这样的亲眷？便问岳父，岳父说是城里来的差人，是怕土匪来闹事打劫姑爷，专门请的。开贞听了这话，心里竟有点儿感激。

夜里,开贞和岳父以及几个客人同寝一室。岳父没完没了地与这个有文化的姑爷谈话,又是今年收成,又是大烟涨价,开贞随口应着,不知不觉在一屋烟味中入了梦。岳父怕姑爷受凉,推醒了他,让他脱了衣服睡。开贞听着满屋子高低错落的鼾声,早没了睡意,他索性坐起来,拿起那部《文选》闲翻起来,一直读到天边放亮。

九、血性男儿的心事

婚后没有几天,开贞就提出来想回城,说是很快就要开学了。

父亲不同意,说哪能新婚宴尔就丢下新娘走。

母亲见儿子几天来郁郁寡欢,知道他要回去的真正原因,她没有强迫儿子再多待。刚好大嫂也要上省城去大哥那儿,母亲就说:"你带上几个家里人护送大嫂吧,路上太乱,有你们我还放点心。"

保卫团的三个首领因杨朗生的案子要下嘉定府过堂,郭家就租了一条大船,和保卫团的两条船一起走。

启程那天清早,母亲早早就起来,忙这忙那。开贞上船时,母亲让开贞的小妹扶着,亲自去码头送行。开贞用身体为母亲挡着河风,从家走到河岸有半里多地,一路上,母亲没说一句话,只是挂着五哥从东洋为她带回的手杖,一步一步顶着河风往前走,红色风帽下的头发飘动着。

开贞很想对母亲说上几句安慰的话,可是又不知该从什么地方说起。

母亲在岸边,拉着大嫂叮嘱了半天,不时转过头,看看不远处的开贞。船上的人招呼开船了,她才让大嫂和开贞快登船。

船撑离岸边,母亲拄着手杖在岸上冲着开贞呼唤:

"八儿,你要听娘的话,娘已经老了,你不要又跑到外洋去吧!"

河风把母亲的声音吹得颤颤的,大嫂呜呜地哭了起来,开贞也觉得两行热乎乎的清泉从眼中喷涌而出,他喊道:

"娘,你回吧,莫要担心,回吧!"

母亲立在岸上不动。

开贞见母亲的身影一点点缩小远去,直到大船在很远的地方转了一个大弯,他的视线才被大山隔断了。

大嫂在船上哭了好一阵子,待心平了,走到开贞身边说:"八弟,你真的不要像你大哥那样到远方去好吗?爹娘的心不能再伤了。"

开贞想说,大哥不是也去了这些年吗?可他最终没有说出口,他怕伤大嫂的心,她这几年过得很不容易。

这个年假,开贞觉得经历了那么多事,特别是对父亲

母亲,他有种难以表述的东西在心里涌动。他想把它倾吐出来,于是闭上双眼轻轻地吟哦:

> 阿母心悲切,送儿直上舟。
> 泪枯惟刮眼,滩转未回头。
> 流水深深恨,云山叠叠愁。
> 难忘江畔语,休作异邦游。

开贞想做个母亲膝下的孝子,他认为应对养育之恩深似海的母亲涌泉相报,可是那外面的世界,对他的吸引和诱惑真是太大了。他不能不飞出去,他必须飞出去。

大嫂见他在船上总是瞅着两岸的景物发愣,便关心地问:"八弟,你是不是想家?既然已出来了,也不必多想,保重身体最要紧!"

他感激地对大嫂笑笑,她怎么能理解一个血性男儿的心事和想法呢?!

船在嘉定又耽搁了两天,主要是商定去成都是走陆路还是走水路。陆路只需三天半,但形势混乱,怕不安全;走水路虽要远得多慢得多,但相对安全些。最后大家还是决定从水路上成都。

行船上路后,大嫂特意把在嘉定城做的一对大灯笼挂在船头。一个灯笼上写着"四川军政府",另一个上写着"交通部长郭"。开贞说,还是不挂好,太惹人注意。大嫂坚持要挂，称这是护身符。

船走上水，行进速度极慢。开贞看船上的水手有点像《水浒传》中的阮小二、阮小七，但这话他没有说，只在心里想。过彭山时是半夜，突然两岸响起枪声，为了安全，大嫂听了别人的劝告，摘下了扎眼的灯笼。水路足足走了十三天，才算是顺利地到达了成都。

谁知又发生了另一件使大嫂和开贞心里都很别扭的事。

由于大嫂来成都前没有通知大哥，她想给大哥一个意外的惊喜。可没想到，她一来就在青石桥街的公馆里，碰上了大哥新纳的妾。两个女人争吵得不可开交，弄得事先没有准备的大哥左右为难。

开贞看到这种场面，心中也很不是滋味。

大哥在开贞的心目中，一直是他崇拜的偶像，不论是为人还是事业，他都以大哥为荣。大哥回省城一年来，开贞和大哥的接触多了起来，但也只是大哥每星期来分设中学给甲班上课，以及他每礼拜日去大哥住处小聚。对于大哥个人的生活，开贞并没了解多少。大哥找了这个女人，他也是一无所知。开贞有点同情大嫂，她虽然没有那个下江女子漂亮年轻，但对大哥的一片心却是无与伦比的。如若不是父亲母亲不放她来省里，或许她早就来了，那样也许大哥就不会接纳这位新的李五太太了。

他埋怨大哥不该这样做，可是反过来想，又有些怜悯大哥，大哥的婚姻也是父母之命，媒妁之言，大哥与大嫂本无感情，婚后他又很快去了东洋。自己眼下的状态，不正是大哥当年的景象和心情吗?!将心比心，开贞也不知该怎样帮大哥和大嫂了。他回到学校后心中老想着这档子事。

事情并没有开贞想得那么复杂。

礼拜日，开贞去青石桥街公馆，大嫂已经搬进了上房，新大嫂也顺从地搬到耳房去住了。真不知大哥用的什么方法，使这场家庭战火迅速得到了平息。再去时，开贞可以听见大哥在新嫂子的房中唱川剧，那些都是开贞很熟悉的，而新嫂子则满脸笑容地拉着胡琴伴奏。

见到开贞，大哥便拉上他一同去看大嫂。大嫂闷闷地睡着，大哥就去哄她，直到大嫂笑了为止。

开贞感觉到大哥一点点地在变，已很难找到那年大年初一早晨，在他床边慷慨激昂的样子。形势和环境多么容易就把一个人改变了，开贞想。

开学不久，分设中学不知为什么被上边裁撤掉了，开贞他们被并到了成都府中学。这时的成都流行当官，一下子冒出了几十所法政学校，不管是公立还是私立，学上三五个月就有了当官的资本。

学校里，有点才华和本事的教员都出去当官了，留下一些庸碌之辈，学生们更加不知学什么，只好整天混日子。

失望使开贞觉得没有一点奔头,唯一的想法,就是离开四川。可怎么离开呢?一没钱,二没办法。苦闷无以宣泄,他就没命地喝酒、打麻将,一醉几天几夜。课是不去上了,连想都不想。有时他写几首歪诗,排遣对社会和腐朽的愤怒;再不就和同学去戏场捧旦角,坐在第一排大声怪叫。

开贞也知道自己不该自暴自弃,可是不这样,又能怎样呢?

大哥对开贞的状况非常担心,也非常不满意。每次见面,他都要批评弟弟不该如此,年纪轻轻的,怎么能这样混生活。

"你沾染的一身臭名士的怪脾气,再不改就要完了。人,特别是年轻人,是不能这么堕落下去的。"

开贞明知道大哥批评得有道理,可嘴上就是不服:

"难道你现在不是也在堕落吗?"

"我……"大哥被开贞的话噎住了,"我这是没有办法呀!"大哥的声音低沉着。

"我也是没办法!"开贞的声调也低下来。

接着是长长的沉寂。

哥俩每次都是在这种无奈中结束谈话。下次见面,他们又会有新的争论。他们都弄不明白,这社会弄得好人都怎么了?两人都有一肚子倒不完的苦恼。

不久,大哥因交通部取消,也失去了工作。他后来在外地又找到了工作，因为地方偏僻，大嫂不愿去，留在了成都守家。而新大嫂被大哥派人送回了嘉定城，再后来，这位新大嫂又不知遇到了什么人，跟着跑了。

开贞留在成都，等着飞出成都和四川的机会。

第五章
雏鹰展翅飞

一、黄河像缺少奶汁的母亲

离开四川的机会,终于还是让郭开贞等到了。

1913年6月,天津的陆军军医学校来四川招收六名学员,考试虽然很难很严,但郭开贞还是以优异的成绩被录取了。通知书是7月中旬下发的,这时,开贞已上了成都的高等学校:旧尊经书院,这所学校也在南校场附近。

录取通知书说:农历八月初七前,被录取者必须要到重庆报到,然后一起去天津。

时间已经不多,开贞立刻由成都返回故乡沙湾,与父母及亲朋好友们告别。

这次回到沙湾,父亲倒是挺为他高兴,能考进天津的军校,父亲觉得很光彩;再则,儿子从小如个性不羁的野马,到军校学习,一方面可以增长知识,另一方面也可以让儿子受到一些管束。

母亲没有再重复不让他远去的老话,儿子远行已成了事实,她只有把牵挂放进心头。母亲赶着为开贞准备衣服,又缝洗又置办。开贞说,军校是军人待遇,用不着准备过多的衣物。母亲仍固执己见,"慈母手中线,游子身上衣",这一针一线缝进的是母亲的一片情和意啊!

至于妻子,开贞和她依然没有什么话,尽管没有什么感情,但这一去不知何年能归,他也尽量表现得对她好些,免得她过于难过。

离开沙湾去嘉定上船,开贞深情地看了峨眉山几眼,他想自己就是峨眉山山泉中的一滴水,百转千回流向远方的大海,也不会忘记生养自己的故乡和父母亲人。

五哥翊新正好有公事要去泸州,他主动同家里说,把八弟送到重庆后,再返回泸州办事。

夏日正值汛期,水大且急,又是下水行船,从嘉定解缆开船,只用了两天两夜,就到了宜宾。

船过宜宾城时,开贞见到了非常壮观的场面。金沙江的红色浪涛从东南方向涌来,和东北角涌来的青色的岷江撞个满怀,又拧着劲地顺着江槽往前冲,那红色的水流在青色的江涛中翻着一朵朵打着漩涡的红浪花,惊心动魄,令郭开贞终生难忘。

两江交汇时,江流急湍,侧击的浪把他们乘坐的船打得几乎倾翻,连久在江上滚打的水手们都惊惶失色。掌舵的艄公两眼圆瞪,紧握舵把,不敢有丝毫大意和闪失。

五哥暗中告诉开贞,万一落水,要赶快抓住右舷的樯橹。

开贞第一次遇到这样的险滩急流，开始感到恐惧，但很快一种人生历险的刺激，使他战胜了恐惧。

过了险滩，全船的人都松了一口气。开贞感到自己仿佛已进入了另一个世界之中。

到达重庆，已是农历八月初三。五哥和开贞找到指定的旅馆报到。一位军装齐整的军官对他们说："天津有电给成都，二次革命爆发了，命各省学生缓送。"说完拿电报给他们看。

看情形一时半会儿是走不成了，军官也希望大家各回各处，到能走时再通知。五哥于第二天去了泸州，开贞和一位姓胡的同学从陆上返回成都。走走停停，停停走走，回到成都竟用了十天时间。

回成都后，学校已放了暑假，不过还可以寄宿。开贞住在学校里没有什么事情好做，便天天钻图书馆翻古书……等待是焦心的。直到农历九月中旬，天津才有电来，告之战乱已平，可以启程了。开贞又和五哥当年的同学川东省视学王祚堂等人一道，水陆转换地赶到重庆，这一趟又用了十天时间。

在重庆，开贞在镇守使衙门住了五六天。待去天津的六人聚齐之后，又一同登上"蜀通号"轮船东下。"蜀通号"是川江里唯一的一艘火轮船，开贞坐这样大的火轮还是头一次。

在"蜀通号"上,开贞他们没有买到铺位,因为四川都督尹昌衡要进京面见袁世凯,这条船上有他两班卫队打前站,占了船上不多的统舱铺位,开贞他们六人和一帮去清华读书的学生便只能当随便找地方睡的"游神"了。

没有铺位,开贞更多的时间便站在官舱的甲板上看三峡风光。生长在峨眉怀抱中的他,还是第一次领略三峡的气魄和奇秀。原先,他一直认为峨眉山是大自然中最美的杰作,但如今的三峡显然更是大自然的伟大杰作。

那天清早,船缓缓地穿过瞿塘峡时,天正下着蒙蒙细雨,他就那么站在官舱外面最靠前的甲板上,雨丝打在脸上酥酥的。他看见峡口处离北岸不远的地方,有一矗立的危岩,旁边的人指点:"这是滟滪堆!"

不知怎么的,开贞想起了李白那首《早发白帝城》的名诗,太白先生"千里江陵一日还"的心情是回家,而他则是飞出家。"它好像没有什么太令人惊奇的地方!"开贞自言自语地又看了一眼滟滪堆。转脸两侧,陡峭直立的岩壁似人工削砍而成;仰头看去,狭窄的天空上时掠一片雨云,这才是令人惊奇感叹的景色。

出了三峡,火轮在一处有村店的地方过夜。开贞他们这些"游神",被安排在村中酒店里,听店中伙计说,这里已是湖北省的秭归县境内了。开贞在梦中又神魂缥缈地游了一回三峡。

"蜀通号"到了宜昌便到了终点,学生们又到宜昌日本邮船会社买了当天下午开往汉口的统舱船票,这条船是日本的"XY丸"号。

下午,开贞他们来到码头,"XY丸"号已经开始上人。远处江面上,停着很多外国商船和一些灰色、白色的外国军舰。开贞开玩笑说:"中国人尽是宰相之材。"

"这话怎么讲?"有人问。

"宰相肚里能撑船呀,好撑外国大鼻子的兵舰。"

大家听了这话,谁也笑不起来,都感到心里苦苦的不是滋味。说真话,大家都是第一次真正亲眼看见外国兵舰,而过去只是在图片和画册上看到这种景象。

钻进"XY丸"号的统舱,就像被庞大的水栖动物吞进了肚子中,行程三天,开贞从圆窗洞看外面的世界,就像井底蛙看天。他几乎对一路的风景没留下任何印象,船已接近了汉口,才跑到甲板上来。过了鹦鹉洲,他寻着闻名的龟山、蛇山,结果只看到了两个不高的土丘。"这是龟、蛇二山?"他不敢相信自己的眼睛。船上的人用奇怪的眼光看他,开贞知道那眼光在说:连这都不知道,看你有多可笑。他真想朝着那蔑视的目光大喊:你们根本就没见过山,那几千丈高的峨眉、雪岭、青城才是真正的山。

汉口的江心同样也泊着几艘外国军舰,彩色的旗耀武扬威地在风中呼啦啦地响,像是对中国人示威。

学生们在汉口找了家客栈住了一夜,第二天从大智门车站搭上了京汉路北上的火车。

坐火车对大家来说又是新奇的第一次，可污秽的车厢、拥挤的乘客，把新奇感冲得无影无踪。

车过河南境内，沿途一片穷困景象，衰草沙丘，偶尔闪过几座坟墓般的土砖房舍。开贞没有想到中原这个古代文明的摇篮会如此萧条凄凉。

车过黄河大桥正值深夜，借铁桥上昏黄的灯光，可依稀见到桥下一片片一条条露出脊背的河床，已进入枯水季节的生命之河，如一位缺少奶汁的贫弱母亲。

若是夏天该有多好。开贞想象着那拍天的黄色浪涛，浩浩荡荡地从桥下流过，拍击着桥墩和河床，也拍击着北上青年人的心。

到了保定，开贞他们去天津的六人告别了去清华的学生，转乘去天津的慢车。一直晃荡到下午四点，他们才到达这次长途旅行的终点站——天津。

由于事先已有安排，六个人跟着接客的伙计，来到一家坐落在一条马路上的古老客栈。店家在楼上开了两个客房，开贞和在船上结交的新朋友熊大中同住一室。

初到一地，什么都好奇，晚饭后，大家分头自由活动，客店主人劝道："你们出去最好不要一人单独行动，人生地不熟的，容易上当受骗。"

开贞问店老板，附近有没有听戏的地方，老板告诉他戏园的地址，怕他找不到，又到门外叫了辆东洋车，还代为讲好了价钱。开贞拉着熊大中谢了老板，高高兴兴坐车去看戏了。

听完京剧回来,两人出戏园就上车,车夫拉到客栈后,开口竟要去时三倍的价钱。两人不情愿,车夫嚷着要动武。

客店老板劝他们照付算了。车夫走了,老板告诉他们:"天津的东洋车要先讲价再上车,才不会被敲竹杠。"

二、"拓都与幺匿",读不懂的试题

一到天津便被车夫敲了竹杠,郭开贞对这个城市留下了不佳的第一印象。他甚至有一种潜在的意识:不是天津拒绝他,就是他拒绝天津。

第二天,六个人一同到军医学校报到。

在会议室中,接待他们的是一位三十多岁的年轻校长。一身笔挺合体的军服使这位校长显得精明强干。

"我姓李,欢迎你们的到来。"他说话时,面带微笑平易近人。"各省的学生三两天内都将陆续到齐,你们一路鞍马劳顿,先休息休息,逛逛天津卫。等大家都报到了,还要复试一次,然后就正式开学。诸位还有什么话要说吗?"

开贞还从没遇到过这么温文尔雅的校长,而且还是个军人。

出门后有人悄悄告诉大家："你们还不知道吧，李校长是段祺瑞的女婿。"

郭开贞本来没有学医的打算，他上的成都旧尊经书院已是高等学校，之所以报考这所军医学校，完全是因为想离开四川的迫切心情。他心中最最理想的目标，是漂洋跨海去欧洲、美国游学，实在不行就去东洋，再不行，才是北京、天津和上海呢！他清楚地知道，自己是个没有经济能力的学生，想要靠自费达到目的寻求理想，是难上加难的。天津军医学校到成都招生的消息，使心灰意冷的郭开贞一下子看到了一线希望。如能考上，不但上学是官费，而且连出川的旅费都不必自己出一个钱，这可是个难得的机会呀！报名考试时，开贞根本就没有想到今后去当一名妙手回春的医生，或以医为业来糊口养家，他心中朝思暮想的只有怎样来实现出国留洋的理想。

如今他将真的面临着一种人生的选择了。马上就要复试了，凭他的能力和学识，他自信考上是没有问题的。有问题的是他是否真的就沿着这条路走下去，当一辈子治病救人的医生？可是若不走这条路，他还有什么路可以走呢？

别人都高高兴兴地去逛街，只有他躲在客栈中苦思冥想。出来的天数并不多，但这些天走过半个中国的所见所闻，已使他对刚刚离开的故乡，产生了一种以前未曾有过的怀恋。"不识庐山真面目，只缘身在此山中"，远离故乡倒觉得故乡更美一些,更贴近一些,只有在家乡才能像鱼儿得水一样自由自在……

郭开贞微微打了个冷战,仿佛一下子清醒过来,不能这样,不能有这种依恋之情,男儿本该志在四方,怎能还未开始自己的路就打退堂鼓呢?

他跑到学校去进行了一番调查,调查的结果,使他大失所望。这么有名的一所军医学校,没有一名外国教习,甚至连有名望的中国教习都没有。大革命前的西洋教员和日本教员都走了,现在执教的是一批本校的毕业生和少数东西洋留学回来的人。这些在医学界没有丝毫名望的人,能教出一流的人才?开贞在头脑中打了个大大的问号,也使想离开这所学校的念头坚定了一步。

何必一定要学医,何必一定要学军医?再说,即使学医,也不一定非在这里,上北京去,去找大哥!他会替弟弟想办法的。

尽管开贞已有了离开天津的打算,但他还是参加了军医学校的复试。

复试那天,上百名考生聚集在考场里,这些从全国二十多个省汇集而来的学生,都渴望自己成为一名未来的军医,大概只有开贞一人是无准备而去的。

考的什么,开贞离开考场就丢在了脑后。只有一道奇怪的国文题,令他一辈子也忘不了,题目是"拓都与幺匿"。说心里话,从小到大,开贞经历过的考试不算少了,还真没有什么题目难倒过他,而这个"拓都与幺匿"到底是个什么东西呢?他第一次觉得自己是糊里糊涂地交了卷,写了些什么,自己都回忆不起来。

不单是郭开贞,这五个字的"天书"几乎难倒了所有的"英雄汉",有些考生走出考场就抱头痛哭,大多数的人则是叫苦叹息:一旦名落孙山,还有什么脸面回去见家乡父老啊!

在众多垂头丧气者中,唯有一人扬眉吐气,他就是四川来的六人中,考得第一的那一位。他颇为得意地告诉大家:

"这题目乃是来自严复译的斯宾塞的《群学肄言》,书中有'total and unit'一句,'拓都'(total)大约指的是社会,'幺匿'(unit)是指个人。"

听的人都"唉!"了一声,如此明了简单的题目,为什么要弄得拐弯抹角让人琢磨不透呀!

开贞这次下决心离开军医学校了。他决定乘第二天一早的火车去北京。

旅途中交上的朋友熊大中去火车站为他送行。

熊大中的情绪也异常低落,昨天那道"拓都"他几乎没有答几个字。想想自己可能要被送回四川,他心中好不凄凉:

"郭君,令兄在北京做事,你真幸运。我的前途未卜,也许会很难堪的。"

"万一落了第,你也来北京吧。北京地方大,总会想到些办法的。"

大中点点头,又说:

"假如你没有落第,你还打算回来吗?"

"不!我是绝不想再回来了。"开贞语气坚决。

"可是你的毕业文凭还在他们手里,万一学校不退还怎么办?"

这点开贞没有考虑过,倘使学校扣了文凭,以后想考别的学校都困难了。

"我只要不走,就会帮你想办法要出来!"熊大中主动出主意。

"那就拜托给你了,我们要常通信!"

火车鸣笛了,车上有人叫着:"还不上车?!"

开贞握握熊大中的手,紧跑两步,跳上了已缓缓启动的火车。

由于头一天开贞给北京打了电报,火车到达前门车站时,大哥从四川带来的一个跟班前来接开贞,跟班说:

"八少爷,郭大爷去日本、朝鲜还没回来,我先送您去他的一个朋友家。"

郭开文从四川调来北京已有些时日,他是替川边经略使尹昌衡做北京的代表,暂住在这位京官朋友家中。

跟班领着开贞走出车站,他回头瞅瞅郭开贞的一身打扮摇了摇头。开贞在玉蓝色的棉袍上套了一件鸡血红的银绸夹衫，外面又罩了一件和棉袍一样质地颜色的大襟马褂。

"八少爷，你这穿着打扮叫北京人一看，就外道了。你看，北京人穿衣，棉袍就棉袍，夹衫就夹衫，夹衫可以穿在棉袍里，不好穿在棉袍外，不然别人见了会笑话你是外乡人。"

开贞抬眼四望，果然没有他这么穿的，赶忙让跟班帮着换了过来，可惜南北方天气不同，衣裳长短也不同，换了半天，还是不伦不类。最后开贞干脆赌气说："随它去吧！"便大摇大摆地随跟班走自己的路了。

大哥朋友的寓所在吹箫胡同，一路上跟班介绍说，这位京官是高等审判厅的推事，是乐山出来的举人，去日本留过几个月的学，跟大哥是同乡加同学的好友。

到了寓所，京官上班未回，开贞就住在正院外的一座南屋里。这是大哥寄寓的地方，共三间房，中间是客厅，左边是内客厅，屋内靠墙一张木炕，开贞看到大哥的东西摆在炕上。右边是一间书房，京官的一位念书的弟弟住着。

中午吃饭时刻，京官和他的弟弟都回来了。一个四十多岁，身材高挑，面目清秀；另一个十八九岁，身材瘦小，夹腮枯脸，戴着一副近视眼镜。开贞弄不大明白，同胞兄弟怎么会长相反差如此之大？

大概是职业习惯，京官的举止言谈都带着使人敬而远之的冷静，只有他招呼开贞吃菜添饭时，才流露出一丝淡淡的暖意来。开贞说不愿读军医学校，想出国，京官听得点头称是：

"当今青年，就要有远大志向，鸿鹄之志，志在万里，学军医能有多大出息？好！好！你定会成为有为青年。"

开贞又讲了复考国文题的事，京官眼睛瞪得大大的，听完把筷子往桌上一拍："此种高等学府，出此怪僻之题，简直是胡闹！"接着又眯起眼说："这种学校，不上也罢！"

得到京官的支持，开贞彻底下了不回天津的决心。

没有几天熊大中来了信，告诉开贞，复试已揭晓，所有二十人都考上了，四川的几名还都考在前列。信中还说，学校已知开贞不辞而别，限他三日内返津回校，否则，就挂他的斥退牌，不但追还旅费，还要扣留中学文凭。

京官拿信去看了看，说："谅他们也没有那个胆子！"

三、京官和他的三弟

北京的雪，已经下了几场，墙角屋后背阴处的积雪，大概要到明年春暖花开的季节，才肯化掉。

走到室外，到处都是白色，这白雪覆盖的世界，在南方、在四川是见不到的。然而，郭开贞却没有赏雪的好心情，这些日子，他越来越觉得孤寂和烦闷，在这里都住了三四个星期了，可是始终得不到大哥的消息。他到底上哪儿去了呢？"我大哥什么时候能回来呀？"开贞问过京官好多次，京官总是说："唔唔，快了，大概是快了吧！"开贞觉得京官在敷衍他，是不是大哥出了什么事？他把这想法说给京官听，京官哈哈一笑："你这个学生，想到哪儿去了。别着急，啊，安心住着。闲得慌了，出去走走看看。北京城大着呢！"

开贞哪能不着急啊。平时，京官总是一大早就急匆匆地去审判厅，中午回来吃顿饭又走，直到晚上才能回来。他那瘦小的弟弟，学的法政学堂的预科，也是早出晚归。

晚饭，京官习惯在内院用，只有他的弟弟陪开贞在外边吃。饭后，京官兄弟又有许多社交活动，或去访友或去外面玩耍。直到要睡觉时，他们才一个个回来，见了开贞，打着哈欠说上一句："忙啊！这一天怎么这么累。"尔后，各自睡觉去了。第二天照样，周而复始。

好容易到了周末，开贞也知道京官要和子女妻妾叙天伦之乐，没有时间陪他，就对京官的弟弟说："你能引我去颐和园、圆明园、天坛或者陶然亭看看吗？"

"唉！天气太冷，那些鬼地方没什么意思，你要去看了，会后悔一辈子的。"京官的弟弟见开贞不太高兴，忙解释，"要不，等明年开春，天气暖和了，我一定陪你转个遍。"

京官的弟弟正值青春发育期，长了满脸的"骚疮"，这青春的标志使他非常苦恼，于是就总是涂着厚厚的雪花膏。他虽然拒绝带开贞去公园，却每周不落地去大栅栏附近的茶园饮茶听落子。有时，他也硬拉着开贞去。"骚疮"总是听得津津有味，可开贞却觉得一点意思都没有，大好时光，都耗在烟味弥漫、人声嘈杂的茶园里，把生命和青春都嗑在瓜子皮里、泡在茶碗中，开贞是打心眼里不甘心。一两次后，"骚疮"再拉他去，他便以种种借口推脱掉，他宁可一个人在寓所里读读书。

京官有时候发觉开贞一人在看书，也会走进来聊上一会儿。他感慨地说，他的弟弟如果有开贞一半的学习精神，他就心满意足了。开贞心里想笑，如果京官了解到他在成都上中学时的那段生活，不知他会不会惊讶得晕过去。

干什么吆喝什么，京官最喜欢谈他做法官的事，一件件离奇的案子经他的嘴一说，抵得上一部情节错综复杂、曲折迷离的侦探小说。

开始，开贞听得很入迷，听得多了，慢慢地也就失去了兴趣。那么多的案件，他最后听得倒了胃口，竟没留下多深的印象，只有一个不离奇的故事他忘不了。

那是京官在地方审判厅当法官的时候，审理一件盗窃案，被告五十多岁，因偷东西，被判三个月有期徒刑。时值十月，被告听罢判决跪在大堂里扳指头，京官问怎么回事,被告说:"请青天大老爷开开恩,再多判我两个月,不然三个月刑满出狱正是过年,我连个吃饭的地方都没有哇!"

京官讲完这个案子,很沉重地说:

"一个让人宁可在狱中受刑,也不愿出去过自由人生活的社会,司法机关还有什么作用啊!"

开贞觉得京官这人很有正气。

在吹鼎胡同寓所住了几个礼拜,开贞没少看到京官训斥他的弟弟。"骚疮"爱抹雪花膏,香喷喷的能把人呛个跟头,一天要抹三四次;他还吸烟,一支接一支,两根手指被熏得焦黄,京官碰见就要骂:

"一张脸弄得活像个奸臣,一双手爪就像个屎橛子。老三,我告诉你,再这样下去,看我把你送回老家去。"

可是不管当哥哥的怎么骂,"骚疮"只当作耳旁风。雪花膏照抹,纸烟照抽。被哥哥骂急了,弟弟也嘟嘟囔囔反抗几句。

他在京官不在时,对开贞抱怨:

"各人有各人的生活,勉强不得。我自己是火性,北方天气这么干燥,不抹雪花膏脸皮要皴的,不吸香烟不能够润肺。"

前者说得似乎有些道理,至于香烟的作用,纯属胡说。

"骚疮"基本上不敢当面顶撞哥哥,于是他的不服气就演变成背后的抱怨：

"瞧他那个官架子，好像自己是个多么了不起的人物。才进京两年，就撇着一口蹩脚的京腔京调，好不知羞。"其实开贞听到，"骚疮"也在极力说着京腔。

"他还要管我？还是先管好两个整天争风吃醋的老婆吧！"

"骚疮"几乎天天在开贞耳边骂，开贞听得不耐烦了，就说：

"我看你哥哥还是挺严正和有操守的人，别的官都花天酒地，他没有这样嘛！"

"哼！""骚疮"差点把鼻子歪到耳朵根，"他严正？是因为我大嫂厉害，管束着他，不然，他比谁都花哨。他没地方出气，就拿我当出气筒。"

开贞总感觉京官并非像"骚疮"说的那样坏。

"骚疮"当然也不是一无是处，他非常重视英文，说这门功课有趣又有用，将来不管当官还是经商，跟洋人打交道都用得上。他有一本原版的嘉本图的《欧洲游记》，没有英文课时，他就在家里让开贞帮他查字典，查出一个生词，他就用铅笔在书上注一个。他佩服开贞查英文的速度和水平，也因此对开贞产生友谊和敬意。

"骚疮"很讨厌几何、代数等，他公开对开贞说：

"学几何、代数那些东西有什么用处？木匠不懂几何，槽坊老板不懂化学，还不是一样会干活！"

开贞也知道他这话不对,但一时又不知该怎么反驳他。

京官喜欢开贞,挺器重他,有时候夸完他就骂自己那个不争气的三弟。

京官和开贞的大哥是好朋友,但也当着开贞的面批评过开文,说开文过于"大气磅礴"了,到北京上总统府报了到,就跑到外面去玩,也没个音讯。总统府两次要召见,他不在呀,只好说不在。"这真是坐失良机,坐失良机哇!"

开贞弄不懂京官指的是坐失什么"良机"!

掐指算算,又过了一个礼拜,这已是寄人篱下的第五个礼拜了。

又是一个周日的晚上,"骚疮"又去听落子。

开贞一个人在灯下静静地读书,这是前两天去琉璃厂花一块钱买回的胡刻《文选》。他选了几首喜欢的魏晋人的诗,慢慢地品味。屋中的火炉没有生着,他不愿意闻煤火散发出来的味道,所以,每天京官的弟弟回来后,他才让人生火。清冷的夜,清冷的屋子,寂静无声。窗外檐上一处冰溜子断裂下来,落在地上发出清脆的响声,像是跌碎的玉簪,让人心酸。开贞的鼻子有些酸楚,两滴清泪不知不觉在眼中打转。

他合上书站起,走到书房门外,一片月光铺在客厅靠门的砖地上。他又踱到客厅门外,院中的积雪泛着皎洁的银辉。抬首看天,一钩月牙当空。已是旧历十一月的上旬了,大哥不归,故乡不能回,父母该是怎样一种状况啊!

一种羁旅的愁绪涌上了心头,开贞突然有些想作诗。

他转身回到书房,从案上拿了一张信笺,研墨落笔:

天寒苦昼短,读书未肯辍。

檐冰滴有声,中心转凄绝。

开门见新月,照耀庭前雪。

似乎还应再写两句,他正想着,门外有人说话:

"你又是一个人在家?"京官一撩门帘进来了,"老三那个家伙,怕又窜到落子馆去了?唉,人不用功,天资又缺,真是朽木不可雕哇!"

"你怎么不生火?"京官摸摸凉炉筒说,"正好,我今晚请你去看电影。平日太忙,难得陪陪你。"

电影馆在大栅栏附近,原是家旧式戏园,舞台前挂块白布当银幕,台下已坐了不少人。有人走来走去卖戏单。京官和开贞刚坐下,卖戏单的就走过来,京官一摆手,得意地说:"不用,咱这朋友懂英文。"

开贞听了这话,心中有点发毛,京官是把他当作英文通了。别说是现场翻译英文电影,一本浅浅的《欧洲游记》他还得抱着字典,一个字一个字抠呢!

这电影自然是看不好了,从灯灭到开灯,开贞简直比做"拓都与幺匿"的国文卷子还紧张,竟一句没翻上来。

回来的路上,京官的话很少,只说了一句:"今天的片子,毫无味道。"他肯定大失所望。开贞跟在京官的身后,有种绝望的感觉。他甚至后悔干吗偏偏要从天津跑到北京来,这下好了,丢人现眼,想再跑都没地方去。他真想找个没人的地方,放声大哭一场。

四、从天而降的黑斗篷

大哥在12月中旬的一个晚上,从天而降。

当时,开贞刚刚吃罢晚饭。自那场电影以后,开贞老是躲着,少与京官见面。白天京官上班,没有关系,晚上开贞就跑到中华门附近去闲逛,打发时间,估计京官回内院睡觉了,他才快快地返回。

开贞还没出南屋的门,大哥就风尘仆仆地闯进来了,披着一件黑毡高领大斗篷。

"你?!"大哥比开贞见到他还吃惊,"你怎么会在这里?没在成都上学?"

大哥离京半年,自然不会知道开贞考上天津军医学校,又弃学跑到北京来的事。

"大哥!"开贞见到久盼才归的大哥,鼻子有点儿发酸。他待大哥脱去了行装,洗去了风尘,坐下来喝茶了,才详详细细地把近况告诉了大哥。开贞认为,大哥肯定会像京官那样支持他这么做。

听完开贞的叙述,大哥沉默了,半晌才不以为然地说:

"学军医是很实用的,又是官费,这么难得的学业,你怎么能轻易把它抛弃了呢?"

大哥平静的话犹如当头一棒,开贞这才清醒过来,自己怎么会如此冒失地干出一点儿把握也没有的事。

"睡觉吧!有什么话明天再说。"

大哥帮着开贞把被褥从木炕上移到宽宽的贵妃椅上,又铺好自己的卧具。

开贞睡下后,大哥走过来,拉拉他的被角,又摸摸开贞那件薄薄的棉袍,关切地说:

"北方天冷,这棉袍太薄了,该换一件。"

看着比自己大许多的大哥,开贞有种回家的感觉。

在开贞心目中,大哥是世界上最难得的人了。他比开贞大十四岁,从开贞记事起,就知道大哥是学校里顶尖的高才生。科举废止那年,大哥考进了成都刚刚成立的东文学堂,学了一年,又由省里出钱,送去日本留学。

大哥的榜名叫开文,据说家里人当年给他起这个名是取的"五色成文"之意,所以他的号也叫"成五"。维新变法后,国人高叫富国强兵的口号,他自己便把号改为"崇武";这些年,随着年龄增长他又将崇武改成了"橙坞"。要是叫开贞说，他还是喜欢"崇武"二字，这号叫起来响亮有气魄，而"橙坞"则过于迂腐和儒媚了。

郭开文回到四川的时候，开贞正在中学读四年级。大哥想让他中学毕业后进法政学校，这样以后可以做自己的帮手。世事多变，经过许多年风风雨雨的洗刷，大哥已从当年充满了幻想和理想的青年，变成了一个很现实的人。他不反对也不阻止开贞飞出去，但心里却想，即使真的出去了，将来也会像自己这样回来的。

对于开贞拒绝学习法政，大哥并没有责备过他，人各有志，不能勉强，但一有适当的机会，他仍然耐心地劝说开贞。八弟是一个思想非常矛盾的人，而他又何尝不是个矛盾的人呢？他想成就大事业，想以身报国，但凭一己之力难以做到。他深知官场险恶，官员腐败，可又不得不违心做事。本来，不管做什么工作，任职教书，他都讲究一丝不苟，但这又能怎么样呢？世人皆浊你独清，是不会有什么好结局的。社会变革，政局混乱，战事不断，他的梦一个个地破灭了，而雄心勃勃的事业，也一点一点夭折了。这一切苦衷都是无法对别人说的，这次作为川边经略使尹昌衡的代表，他一来京报了到，就出洋云游去了。别人自然会觉得他这人懒散不求进取，只有他自己心里最清楚，这也是出于一种对世态的无奈和自我排遣呀！

这一切，京官朋友们和弟弟开贞都不会知道。

第二天上午，大哥领着开贞到了一家老字号的衣铺。

开贞到北京这么长时间了，还是第一次进这样的铺子。这也难怪，一个手无分文的学生，无缘无故是不会来这类地方的。

"八弟，你看上了什么式样的，选一件吧。"大哥一边让开贞挑衣服，一边跟掌柜的聊家常，看来他并不是第一次来这里。

开贞被铺里挂的各式衣服弄得眼花缭乱，大哥见他拿不定主意，就指着一件狐皮袍子说：

"我看就这件吧，八弟你看行吗？掌柜的，把这件摘下来！"

一件袍子，花了大哥五十几块钱，开贞心里真有点儿过意不去。他走出衣铺，身上暖烘烘的。到北京这么多天，他头一次发现北京冬日的阳光也是暖暖的。

兄弟俩回到吹帚胡同寓所后，大哥又出去拜访亲朋旧友，直到天色很晚了才回来。

开贞送上碗茶，大哥有些闷闷不乐，似乎很不得意。他问大哥是不是遇上了不顺心的事，大哥摇了摇头，苦笑笑，说：

"唉，还不是官场上的是是非非。"

大哥不愿意细说，开贞也不便再问了。

多少年以后，开贞才弄清那段历史。原来川边经略使尹昌衡在二次革命平定后，要进京向称帝的袁世凯面陈有关事宜。尹昌衡在四川是称霸一方的"土皇帝"，当年曾带兵杀了前任总督赵尔丰的哥哥赵尔巽，而赵尔巽是袁世凯的经济后盾之一。尹昌衡在到京之前，从武昌打了个电报给居京的四川同乡官员，说此次进京，学秦庭七日之哭，对所有的同乡亲友，一概免见。这个电报一发，大小同乡京官议论纷纷，没有一个不骂他这小子猖狂的。一些在朝廷得势的同乡，就说他的坏话，结果这个自以为得意的川边经略使一到京，就被袁世凯软禁了起来。

作为川边经略使的驻京代表，郭开文的日子当然也是十分不好过的。所幸的是，他本人不太怎么问及政事，而且为人谦和，无争权夺利之心，口碑不错，朋友很多。

宦海沉浮，国家局势不定，使大哥十分苦闷。但他回京后，吹帚胡同京官寓所的门庭便日渐热闹起来。开贞也没了冷寂孤单的感觉。

特别是礼拜日，寓所的里外院都会传出阵阵笑声，京官和大哥各自接待来访的好友，喧喧闹闹的简直像唱戏园子。开贞有次好奇地问开文："大哥，现在怎么这么多人来呀？他们平时没有工作吗？"

大哥苦笑着说："袁世凯解散了国会，那么多议员无事可做，无政可理，可不就东拜访西串门地打发光阴呗！"大哥最近常常苦笑。

有客来访，谈天说地，不免也有问到开贞的，在什么地方上学呀，年龄多大呀，以后有何宏志呀。开贞回答时面有难色，大哥总是转开话题，为他开脱。

一次，一位王姓川北议员来访，听得京官的三弟正上法政学堂，便赞不绝口，又是前途远大，又是人才空前绝后，京官三弟自然得意一番。大哥不服，在客人走后说了一句："空前有之，绝后则未也。"

开贞深知大哥是为他鸣不平。开贞恨自己这个当弟弟的，太不替长兄争气了，可自己也是有一身力没处使啊！

一天，大哥很早出去，很晚才回来。

晚上，大哥坐在木炕上沉闷地想心事，开贞也倚在贵妃椅上看书。屋里沉默了很久，大哥突然对开贞说：

"我今天到外面替你把学校的情况打听了一下。眼下是年假，各处都不招生，只有法政学校招收本科生。"

开贞眼睛停在摊开的书页上，没有吱声。

"我知道你讨厌法政学校，可你究竟想怎样呢？"大哥见弟弟仍未开口，自语道，"其实学法政也没意思，天下之乱在于学法政者太多太滥了。"停了会儿大哥又说："要不然你仍回天津学军医怎样？"

"如果早几个礼拜也许还有办法，现在已无法挽回了，听说已挂了我的斥退牌。"开贞显出一种无奈。

"唉，真是的，我真该早回来几个礼拜才是。"大哥说话声音悄然，像是在埋怨自己误了弟弟的前程，"目前这种形势，在这里恐怕我们兄弟两人的生活都很难维持。"

开贞心里最清楚，但凡有办法，大哥是不会对他说这种话的。开贞恨自己的幼稚和冲动，思维老是在幻想中翱翔,却很少落在实实在在的生活之中。是他在给本来已很不顺心的大哥出难题,制造麻烦。他自酿的苦酒却让大哥来饮,这是不公平的。

开贞惭愧地对大哥说:"大哥,我决定回四川去!"

"回四川?"大哥眼中闪着惊异,"回去做什么?"

"我想改行经商,留在家里替父亲管理家务。"

大哥没有发表意见,停了一会儿才说:"等到明年开春,看看形势发展再说吧!"

开贞也没有再坚持己见。走到这一步,还能有什么梦想、野心和抱负?只有自怨自艾和有生以来从没有过的失望占据心灵和头脑。他虽然不甘心,却也只有听天由命了。

学校考不成,四川又不能回去,每天无事可做,开贞就拼命看书。京官家书房中的书,几乎都让他翻遍了。每每沉浸在书中,他的心情才能平静下来。这时候,又有一股热流在撞击着他失望却尚未冷却的心。

五、出国愿望实现了

事情总是在看似已没有希望的时刻出现希望。

12月27日晚上,大哥和开贞正在内院和京官聊天,仆人来报有客人来访。

来客叫张次瑜，也是国会议员，他是郭开文在成都东文学堂的同学，后来又一同留学日本东京。回国后，他在成都任过一段时间教职，革命后，在四川省军政府当财政部次长，可以说与郭开文是多年同学共事的铁杆朋友了。

"你怎么会在这里？"

张次瑜看到郭开贞，感到很意外。他在成都时常出入郭开文的宅邸，那时开贞读中学，周末也常到大哥家，自然在那里碰过面。开贞对张次瑜不甚了解，而张次瑜对开贞却知道很多，这都来自郭开文之口。当时，张次瑜对郭开贞就颇有好感，他曾对开文说："你这个弟弟不比一般，日后会成大材。"朋友对弟弟的夸奖，开文总是置之一笑。他也希望开贞能成大气候，但他身上的毛病也是别人所不及的。

"唉，说来话长。"郭开文见一两句话也说不清，又见京官也来了客人，就说，"次瑜兄，到前院我屋中去坐吧。"

张次瑜和郭开文兄弟来到南房坐定以后，大哥就把开贞的情况，一五一十地向张次瑜做了详述。有些话，如果不是知心朋友，大哥是不会说的。

张次瑜聚精会神地听着，时而蹙眉，时而点头，时而看看旁边规规矩矩端坐的开贞。

大哥最后意味深长地叹了口气：

"看到他现在没了出路，事到如今，我真的不知道该怎样做好了。"

"何不送到日本去留学呢?"张次瑜胸有成竹地说,"你要是同意,我可以帮忙送他去。"

开贞的眼睛亮了一下。大哥和张次瑜刚好都转过脸来,也都看见了。

"我正好28号要动身去日本考察,可以顺便带上他。"

开贞的心差点儿要跳出来了。这天外飞来的好事来得太突然了,突然得让他有点接受不了。

国会解散后,给旧议员每人发了三个月的原薪,让大家回原籍。张次瑜不想回川,他想利用这笔钱出去转转,一是游历,二是在外面等待观望国内形势,一旦有所变化,在外面比在四川要消息灵通,走动也方便得多。

"我也想过这条路,"大哥仍面带难色,"你知道,目前我是个没有收入的人,而且明天就是28号了。"

听到这句话,开贞的心又一下子凉了下来:明天,为什么偏偏是明天啊。

"时间也许还来得及,"张次瑜仍在鼓动,"到日本留学不是还有官费吗?考上了官费,不就不用你供给了吗?"

张次瑜的话启发了郭开文的思路。

"对,有官费,我所知的目前还有四所学校。"他扳着指头数着,"东京有三所,一高、高师、高工;千叶有一所,医专,这些都很难考。高师、高工每年三月招考,一高、医专六月招考,考上官费之前一年半的学费,我现在这样是供不起的。"

"我看开贞兄弟有半年时间复习就够了,当年我弟弟考官费也只用了七个月。开贞年轻,脑力好,不成问题。"

"怎么样?你有这把握吗?"大哥问开贞。

开贞无法回答,他没去过日本,还弄不清那边的事情。但他知道,五哥当年从武备学堂毕业去日本,因不喜欢军事想改学科学,住了两年都没能考上官费学校,最后不得不回来。五哥两年未成,自己半年能行吗?

"怎么样?有信心吗?"大哥又问。

开贞迟疑了一下,想说争取,还没来得及开口,大哥倒帮他下了决心:

"八弟,我看,你就去吧。到日本先住上半年看看,半年之内,能考上官费生自然好,万一考不上,说不定那时我也有了新的职务了。我决定了,你去吧,别再犹豫了。"

开贞点点头,眼里闪出几点泪花。

张次瑜在边上一拍巴掌,说:

"好,一言为定。我相信,开贞到了那边一定会成功的,你们先做些准备。"

大哥又跟张次瑜商议:因手头没有现钱,只能把从四川带来的几根金条子,拿出一根来让开贞带上,听说日本金价比中国贵,到那边后再换成现钱,还张次瑜先为开贞垫付的车旅费和在日本的短期生活费。

张次瑜说："都是自家兄弟，有难大家帮，何必提钱。"大哥说："你也不容易，能带八弟去，已是帮了大忙，怎么能再让你破费呢？"又把开贞叫到跟前说："还不快谢谢你张大哥！"

开贞深鞠几躬，张次瑜一个劲儿地摆手说：

"不必了，不必了。"

两人又定了路线，决定走北京到奉天的铁路，然后再经朝鲜去日本。28日晚约定时间，在北京东站集合。

这是在北京，也是在大哥身边的最后一个夜晚。

在郭开贞的心里，大哥是他最崇拜的人之一。他从小就听别人讲大哥的事，每次都听得入神。他也想跟着大哥的脚步，一步一步地走出山坳，走出四川，再走出国门。如今这盼望多年的心愿就要实现了。

大哥跟他在一起生活的时间很少，可几乎每一次短暂的生活，他都记忆犹新。这次在北京，共同生活的时日也不长，但是那种只有同胞手足才有的兄弟之情，仍让开贞感动。在家里，除了母亲之外，大哥是给了他最多温情的人。开贞也想过父亲，可是父亲往往对他严厉多于慈爱。大哥则不同，他的身上既有母亲的慈爱，又有父亲的严教，这两种本来水火不相容的东西，却在大哥身上融为一体，都倾注给了开贞。

平时不觉得怎样，开贞想到明天就要离开父母之邦，离开大哥，去那虽多次耳闻、心之向往，却陌生的国度，难免有些激动、怅惘。

开贞在黑暗中看看不远处的木炕，大哥翻了个身。

他知道，大哥也没有睡，或许也在想着悠悠的往事。

"大哥！大哥！"开贞轻轻唤道。

"嗯？"大哥应了一声，"你也睡不着？"

大哥干脆翻身坐起来，披衣点上了洋油灯。

"睡不着就起来坐坐吧！"

开贞也翻身起来。他凑到大哥的木炕边，坐下。他拉着大哥的手，很激动。

"大哥！谢谢你！我真的从心里感谢你这么多年对我的教诲和帮助，真的！"

大哥也用另一只手拍拍开贞的手背说："别说这些了，主要还是你自己的奋斗和努力。你要记住，无论什么事情，去做的决心好下，但要干好、干到最后就不是件易事了。我也有过你这种心情，但我没有毅力，才落得现在这种境地。你一定觉得我没有多大出息吧？"

"不！大哥，你在我心中，永远是榜样！"

"算了吧，不说这些了。"大哥仔细地端详着开贞的脸，"在一起生活了这么久，却没有仔仔细细地看过你。开贞，你是个大人了，出了国就是真正地独立生活了。一个大人，成年人，遇事要多用脑用心，千万别随着性子来。你到那边再受了斥退，我可就鞭长莫及了。"

开贞见大哥用玩笑话来放松要分别的沉重心情，

就说：

"大哥，我不会让你失望的。"

"对了，你的腰和耳朵不大好，到那边要珍重。"

"你也多珍重！"

开贞有些说不下去了。他看见大哥偷偷背过身去，用手帕擦眼睛。

第二天傍晚，大哥和京官兄弟俩一道把开贞送到了北京车站。京官一路上不住地夸开贞有出息，前途无量。

一会儿，张次瑜也到了。

趁着派人去办理票务手续时，京官的三弟把开贞拉到一边，恋恋不舍地说：

"开贞，咱们走走吧！"开贞跟着他在车站的空场上转着。

"你真好，""骚疙"满眼羡慕地说，"你有个那样好的大哥，我大哥却总是训我，哪里是把我当兄弟看呀！"

"其实你大哥也很关心你，就是急了严了一点。"开贞安慰道。

"哼！他恨我烦我还不够呢！""骚疙"赌气地说。继而又有些抱歉地说："你一直想去颐和园、万牲园，我也没有引你去，不知你什么时候才能回来，到那时你回来，我可能也不在北京了。"

"真的，弄得不好，我怕是永远不会回来的。"

说心里话，开贞是一点儿也没有想过回来的事。他的心已完完全全让外面的世界充满了。

两个人还在边转悠边聊，往常住在一起，也没有什么过多的话，一旦要分别，竟都觉得话说不完。

"呵，你们跑到哪儿去了，车都快开了，赶快！"

大哥和京官边喊边从远处的站房跑过来。

京官喘着大气走到他三弟面前，生气地训道：

"一定又是你作的怪！你也太不识时务了，人家都要上车了，你还在这里唠叨个没完，险些误了人家的大事！"

"骚疮"被他大哥说得满脸通红，想解释，一时又找不出适当的话来。

开贞本打算帮"骚疮"开脱一下，大哥拉了他一把：

"快些吧！没有时间耽搁了。"

实际并没有想象那般紧迫。开贞和张次瑜上了火车，其他人又在车下等了约十分钟，汽笛才一声鸣叫，火车起了步。

分别之时，大哥什么话也没有说，只是看着开贞的那扇车窗，不停地摆着手。

开贞也没有说话，他尽量地把身子探出窗外，跟大哥做最后的道别。

倒是张次瑜不停地冲站台喊："你们放心吧，开贞交给我了！"

站台在暗夜中渐渐远去了，大哥和京官兄弟的身影湮没在夜色中。车轮声铿锵，开贞暗暗想道：此去若不能在半年内考上官费学校,我就再没脸面回来见大哥了。到那时,我宁可跳进东海去喂鱼!不!我绝不走那条路!我要像一只苍鹰在高空翱翔,像一只游鱼在海中遨游,像一只凤凰在火中再生。